JN012663

金融が解る世界の歴史

藤田 勉
Fujita Tsutomu

幸田博人
Koda Hiroto

著

一般社団法人 金融財政事情研究会

はじめに

　筆者（藤田勉）は、ファンドマネージャー、ストラテジストとして、株式相場を予想する仕事に30年以上携わってきた。その間、1991年日本のバブル崩壊、2000年ITバブル崩壊、2008年リーマン・ショックと、3度のバブル崩壊を経験した。しかし、これらのいずれも事前に察知することができず、その後の株価急落を予想できなかった。もちろん、2011年の東日本大震災もまったく予想できなかった。もし、これらを予想できた人がいれば、株式を空売りして大儲けできたはずであるが、そのような人はほとんどいなかったであろう。

　このように、将来のことはだれにもわからないが、過去を調べることはできる。「愚者は経験に学び、賢者は歴史に学ぶ」「歴史が証明する」「歴史は繰り返す」など、歴史に関連する教訓は数多い。歴史の教訓を十分に学んだうえで将来を予想するのと、歴史を知らずに将来を予想するのとでは、前者のほうが予想の当たる確率が増すと考えられる。

　だれもが歴史が重要だとわかっていても、歴史は忘れ去られることが多い。立場を変えれば物事は異なってみえるが、歴史にもこの言葉が当てはまることが少なくない。本書は、特に、この視点を重視して歴史と金融市場を分析する。

　日本では、ロシア（あるいはソ連）に対して、嫌悪感や拒否反応をもつ人が少なくない。2018年の世論調査によると、ロシアに対して好意的に思わない人の比率は68%と、好意的に感じ

る人の26％を大きく上回る（出所：Pew Research）。

　それには、日露戦争、ソ連の満州侵攻、シベリア抑留、北方領土問題など両国間で複雑な歴史的な要因があると考えられる。イメージとしては、ロシアは日本に対して敵対的であったように思える。

　しかし、ロシアからみれば、大きく異なってみえるかもしれない。明治維新後、ロシアが日本本土（北海道、本州、四国、九州）を占領したことは一度もない。

一方で、日本はロシア本土の主要都市を軍事的に４年間占領したことがある。これは中学校の社会科の教科書にも出てくるのだが、多くの人はその事実を忘れているように思える（詳細は第２章参照）。

　2019年の日本経済新聞社による世論調査では、日本人が嫌いな国のランキングは、１位北朝鮮、２位中国、３位韓国、４位ロシアの順である。つまり、北朝鮮、韓国、中国は、ロシア以上に日本人が嫌う国なのである。たしかに、北朝鮮の拉致問題、韓国の徴用工問題、中国の尖閣諸島領海侵犯など、日本人が嫌悪するような事象が度々発生している。

　しかし、北朝鮮、韓国、中国は、日本に侵略された歴史をもつ。その一方で、これらが日本を侵略したことはない。北朝鮮、韓国、中国からみれば、日本に侵略された傷がいまだに癒えておらず、それが日本に対する攻撃的な姿勢に表れているとも考えられる。

　香港の民主化運動についても、同様である。欧米や日本では民主化運動を抑圧する中国や香港政府に対して厳しい見方が多

い。

　しかし、中国からみれば、大きく異なってみえることであろう。19世紀の2度の戦争により、香港は中国から英国に割譲された。こうした背景から、中国が、武力行使により奪われた香港を、力ずくでも取り戻したいと考えるのは自然であるかもしれない。一方で、中国が、欧米や日本を侵略し、アジアやアフリカを植民地支配したことはない。

　日本でも、中国の姿勢に対して批判的な見方があり、香港の民主化運動を支持する声は多いようである。しかし、日本も武力で香港を支配した歴史をもつことを忘れてしまった人は多いとみられる（詳細は第5章参照）。

　このように、英国や日本が香港を武力で奪った歴史があることは忘れてしまいがちである。日本が北方領土にこだわるように、中国はその歴史を忘れない。そのギャップが、国家の対立を激化させることがある。

　2001年米国同時多発テロに代表されるように、中東などのイスラム教徒のテロ行為により、多くの人々が犠牲となった歴史がある。このため、欧米ではイスラム教徒が過激な民族ととらえられることがあり、トランプ政権誕生後、米国は入国制限を実施した。

　しかし、イスラム教徒も欧米諸国の犠牲となった歴史がある。19世紀以降、欧米列強は中東に進出し、石油資源などを支配してきた。また、中東地域を植民地化し、ユダヤ人国家を強引に建設し、多くの戦争を引き起こした。とりわけ、古代から高度な文明をもっており、かつ資源が豊富なイランは外敵から

何度も侵略された歴史をもつ。

　このように、歴史を振り返ると、現在の世界の紛争の背景がよく理解できるのである。したがって、歴史の理解抜きに、世界の金融市場を理解することは不可能といって過言ではない。

　近年、地政学リスクの高まりによって、世界の経済や金融市場は大きく揺れている。こうしたリスク要因は、地政学だけではなく、歴史、宗教、社会、軍事などさまざまな要因が関連している。本書は、とりわけ①世界は反グローバリズムに回帰しつつある、②立場を変えれば世界は異なってみえる、③宗教の歴史が重要な意味をもつ、に注目して、歴史と金融市場との関係の分析を進める。なお、断りのない限り、数字は2019年末時点である。米ドルは、１ドル110円で換算した。

　第１章で疫病の歴史と金融経済を、第２章で世界観を示したうえで、第３章以降は各地域の歴史を振り返り、地政学リスクが世界の経済や金融市場に与える影響を分析する。なお、第１章から第７章のうち、第７章は一橋大学大学院経営管理研究科客員教授幸田博人が書き下ろしたものであり、それ以外は一橋大学大学院経営管理研究科特任教授藤田勉が「月刊資本市場」（公益財団法人資本市場研究会）への連載を改稿・加筆したものである。

藤田　勉

目　次

| 第 **1** 章 | **感染症の世界史と新型コロナウイルス** |

1　世界の感染症の歴史とその教訓 ……………………… 2

　人類は多くの感染症と闘った ……………………………… 2

　歴史上最大規模の感染症はペスト …………………………… 4

　中世の欧州社会を変えたペスト …………………………… 6

　近代に欧州で蔓延した感染症 ……………………………… 8

　コレラ大流行が街のかたちを変えた ……………………… 9

　感染症が生んだ世界の近代医学 ………………………… 12

　スペイン風邪は 3 度流行した ………………………… 15

　2 度の世界大戦とスペイン風邪 ………………………… 17

　日本の感染症の歴史 ……………………………………… 19

　多様化する感染症 ………………………………………… 22

　コロナウイルスとは何か ………………………………… 24

　長期化する新型コロナウイルスの感染 ………………… 25

　日本の衛生行政の歴史と新型コロナ対策 ……………… 29

　今後も新しい感染症は生まれる ………………………… 31

　新型コロナは変異する …………………………………… 33

　日本で新型コロナの死亡者数が少ない理由 …………… 35

2　新型コロナウイルスが世界経済と金融市場に与える

影響 ……………………………………………………………… 38

　大恐慌以来の世界経済の悪化 …………………………… 38

世界の株式市場はV字型に回復 ······························ 40

急速に変化する世界の産業構造 ····························· 42

新型コロナを乗り越えて生まれる技術革新 ················ 44

小括：日本は新型コロナを乗り越えて発展する ············ 45

第 2 章　高まる反グローバリズムと地政学リスク

1　世界が反グローバリズムに向かう歴史的背景 ············ 48

国際協調主義vs.単独主義 ································· 48

世界的なナショナリズムの台頭 ························· 50

ナショナリズムとは何か ································· 52

主権国家概念の成立 ····································· 54

地政学の基礎理論 ······································· 56

2　歴史的な潮流の三つの視点 ································· 59

世界は反グローバリズムに回帰しつつある ··············· 59

国際協調主義転換の要因 ································· 62

立場を変えれば世界は異なってみえる ··················· 66

中国、北朝鮮、イランは多くの国に侵略された ············ 68

宗教の歴史が重要な意味をもつ ························· 70

小括：大国の興亡は繰り返す ··························· 72

第 3 章　トランプ大統領の登場は歴史の必然

1　孤立主義が米国の外交・安全保障戦略のDNA ·········· 76

米国第一主義とは何か ··································· 76

キリスト教的価値観と米国の外交・安全保障戦略 ……… 77

米国の孤立主義の哲学 ……………………………… 80

米国的価値観の表と裏 ……………………………… 81

2 キリスト教福音派の強力な政治力 ……………………… 83

熱心なキリスト教信者が支持するトランプ政権 ……… 83

ピューリタンの流れを汲む福音派 ………………… 85

プロテスタント主流派と福音派の違い ……………… 87

ユダヤ教と福音派の緊密な関係 …………………… 89

千年王国説とイスラエル重視 ……………………… 90

3 米国の産業界で成功するユダヤ人 …………………… 93

世界の有力なIT企業の多くはユダヤ系 …………… 93

ユダヤ教とキリスト教の対立 ……………………… 95

ユダヤ人が金融に強い理由 ………………………… 97

科学技術に強いユダヤ人 …………………………… 99

世界最高水準のイスラエルの科学技術 ……………… 101

4 トランプ大統領を生んだ社会構造 …………………… 103

トランプ大統領出現の背景 ………………………… 103

米国の大統領選挙制度の特徴 ……………………… 105

政治に反映される米国社会の分断 ………………… 107

5 バブル発生と崩壊の歴史からみた株式相場 ………… 111

新型コロナショックで世界的に株価急落 …………… 111

日本のバブル発生と崩壊の過程 …………………… 113

名議長グリーンスパンが生んだ二つのバブル ……… 115

リーマン危機を生んだ金融政策の失敗 ……………… 117

FRBの独立性は明文化されていない ……………… 120

トランプ政権におけるFRBの金融政策の展望 ………… 122

小括：米国の対外摩擦は長期化しよう ……………… 123

第 4 章　英国離脱と欧州連合不安定化の構造要因

1　独仏激突が世界大戦を生んだ ……………………… 128

欧州における主権国家の成立は遅れた ……………… 128

国家形成に影響した宗教対立 ………………………… 131

民主主義と共和制の発祥 ……………………………… 133

早期に中央集権を確立したフランスと遅れて成立した

ドイツの激突 …………………………………… 135

欧州で国家形成が最も早かったフランス …………… 137

世界の主要国で国家成立が最も遅れたドイツ ………… 139

大国の侵略を受け続けたロシア ……………………… 141

2　英国民はEU離脱を選択した ……………………… 145

歴史的に大陸欧州と距離を置く英国 ………………… 145

独仏不戦がEUのDNA ………………………………… 148

EUは世界最大の単一市場 …………………………… 150

移民排斥派が台頭する独仏 …………………………… 152

英国のEUの離脱投票は 2 回目 ……………………… 153

英国EU離脱の理由 …………………………………… 155

ロンドンは国際金融センターであり続ける …………… 158

小括：欧州の動揺は続く ……………………………… 161

第 5 章　世界最強の経済大国を目指す中国

1　華夷思想が支配する中国の外交戦略 ····················· 164

　華夷思想と中華思想 ···································· 164

　中国外交・通商の原点は冊封・朝貢関係 ················· 166

　異民族に侵略され続けた漢民族 ························· 168

　列強による中国の植民地 ······························ 171

　香港の混乱は長引く ·································· 173

2　中国とロシアの支援を受ける北朝鮮 ··················· 176

　朝鮮半島南北分断の長い歴史 ··························· 176

　米国と対峙する北朝鮮 ································ 178

　北朝鮮の体制維持は中国の利益 ······················· 180

　北朝鮮の高度な軍事力のルーツはソ連 ················· 181

　日韓対立の歴史 ···································· 183

　植民地政策の国際比較とその教訓 ····················· 185

3　米中摩擦の長期化は不可避 ·························· 188

　盤石の基盤をもつ習近平 ······························ 188

　強大な経済力を背景とする一帯一路構想 ················· 189

　世界最大の経済大国の座を争う米中 ··················· 192

　長期化する米中貿易摩擦 ······························ 193

　小括：米国と中国が本格的に衝突することはない ········· 196

第 6 章　中東は世界の火薬庫

1　中東はアジア、アフリカ、欧州の結節点 ················· 200

世界の火薬庫は東欧から中東に移った ………………… 200

世界の文明の中心地だった中東 ……………………… 202

中東は多くの異民族の侵略を受けた ………………… 204

中東で多数を占めるイスラム教スンニ派アラブ人 …… 206

シーア派とスンニ派の対立の本質 …………………… 208

アラブの盟主サウジアラビアは中東の新興国 ………… 211

中東最古の歴史をもつイラン ………………………… 213

イランとサウジアラビアの対立の背景 ………………… 215

中東に対する介入を強めるトルコ …………………… 217

トルコが支援しサウジアラビアが敵視するムスリム同

胞団 ……………………………………………… 219

シリアの内戦の構図 …………………………………… 220

2　欧米による中東への介入の歴史 ……………………… 221

英国の「三枚舌外交」と現在の中東の混乱 ………… 221

石油危機後に強まる米国の介入 …………………… 223

ロシアの中東政策と軍事介入 ……………………… 225

イランの核開発と経済制裁の歴史 ………………… 226

小括：米国とイランの対立は容易に終わらない ……… 230

第7章	アジアとアフリカのポテンシャリティ

1　植民地支配が進んだアジアとアフリカ ……………… 234

アジア・アフリカ地域についての地域的理解 ………… 234

アジアにおける植民地の歴史 ……………………… 236

植民地支配がアジアに与える影響 ………………… 237

華僑の進出と東南アジアの成長 ……………………… 239

アフリカにおける植民地の歴史 ……………………… 240

アフリカ地域の2大経済大国は旧英国植民地 ………… 242

2　アジアとアフリカの将来性 …………………………… 243

人口動態からみたアジア・アフリカ ………………… 243

株式市場からみたアジア・アフリカ ………………… 246

イノベーションがもたらすアジア・アフリカのポテン

シャリティ ……………………………………………… 248

小括：アジア・アフリカに対する視点で重要なこと ‥‥ 252

おわりに ………………………………………………… 254

第1章

感染症の世界史と新型コロナウイルス

1 世界の感染症の歴史とその教訓

人類は多くの感染症と闘った

　新型コロナウイルス（COVID-19、以下本書において、新型コロナ）の蔓延は、世界的な危機を生んだ。2019年末に中国の武漢で発生したとされる新型コロナは、世界全体に蔓延した。世界の主要都市は封鎖され、経済活動は厳しく制限された。その結果、世界経済は大きく悪化し、大恐慌以来の落ち込みになろうとしている。

　人類の歴史を振り返ると、ペスト、コレラ、天然痘、インフルエンザなど多くの感染症が流行し、新型コロナ以上の死者を出してきた。しかし、人類には、戦争や疫病禍など危機を糧に科学技術を発展させてきた歴史がある。本章では、世界の感染症の歴史を振り返り、新型コロナ危機の展望とその影響について検討する。

　議論を深める前に、基本的な用語を確認する。感染症（かつての伝染病）とは、病原体が体に侵入して、症状が出る病気のことをいう[1]。病原体は大きさや構造によって細菌、ウイルス、真菌、寄生虫などに分類される。

　感染症には、接触感染、飛沫感染、空気感染など人から人にうつる伝染性の感染症と、動物や昆虫、傷口、食べ物（食中毒

1　「感染症とは」（AMR臨床リファレンスセンターウェブサイト、2017年9月）。

図表1−1　世界の主要な感染症の歴史

時期	伝染病	主要な感染地
6〜8世紀	ペスト	東ローマ帝国で発生、欧州全体で流行、1億人が死亡
14世紀	ペスト	当時の欧州の人口の3分の1程度（2,000万〜3,000万人）が死亡
16世紀	天然痘	スペイン人が米大陸に持ち込み先住民の人口が激減
19世紀	コレラ	インドの風土病がアジア、欧州などで流行
19世紀	チフス	発疹チフスが欧州で流行
19世紀	結核	英国を中心に欧州で流行
1894年	ペスト	香港で発生、アジアで流行、1,000万人が死亡
1918〜1920年	スペイン風邪	米国で発生、世界中で流行、2,000万〜5,000万人死亡
1957〜1958年	アジアインフルエンザ	香港で発生後、世界で流行
1968年	香港型インフルエンザ	中国を源に、香港で流行後、世界で流行
2002〜2003年	SARS	中国を中心にアジアで流行
2009年	新型インフルエンザ	メキシコで確認後、世界中で流行
2012年〜	MERS	中東で発生、アジアなどで流行

出所：内閣府

等）を感染経路とする非伝染性感染症がある。日本の感染症法は、1〜5類の感染症、指定感染症、新感染症、新型インフルエンザ等感染症を対象としている。

　細菌とは、自分と同じ細菌を複製して増えていく単細胞生物である[2]。大腸菌、黄色ブドウ球菌、結核菌がこれに当たる。

一方、ウイルスは、細菌の50分の1程度の大きさで、細胞をもたないため、人の体に侵入し増殖していく。インフルエンザ、ノロのほか、風邪（普通感冒）もさまざまなウイルスが原因となる。新型コロナは後者に当たる。

歴史上最大規模の感染症はペスト

世界の歴史上、最大規模の感染症はペスト（黒死病）であった。欧州やアジアで3度の大流行があり、死亡者数は累計1.3億～1.6億人と推測されている[3]。

ペストは、主に、野性のゲッ歯類（ネズミ）など小動物からこれを吸血するノミが媒介する形で、人に感染する。もともと、中国の雲南省やミャンマーの風土病であったが、3度の大流行はいずれも中国のネズミがペスト菌を運んだものとされている。

第1回の大流行は、541年以降、東ローマ帝国でおよそ200年間続いた。中国からシルクロードを通って、ペスト菌が持ち込まれたといわれる。欧州や地中海沿岸で流行し、死者数は1億人以上とされる。当時の人口の半分が死亡したという説もある。

欧州の経済・社会に大きな影響を与えたのが、14世紀以降の第2回流行である。1347年にイタリアで流行が始まり、当時の欧州の人口の3分の1に当たる2,500万人以上が死亡したとさ

---

2 「細菌とウイルス」（AMR臨床リファレンスセンターウェブサイト、2018年11月）。

3 32 ペスト菌の発見①（テルモ株式会社ウェブサイト）。

れる。最も流行が激しかったのは1347〜1353年であったが、その後も断続的に18世紀まで続いた。

この時期に、ペスト菌が中国からはるばる欧州まで運ばれてきた主要因は、モンゴル軍の襲来である[4]。

ユーラシア大陸をまたぐモンゴル帝国（1206〜1634年）は、その最盛期の元の時代に、東は中国や朝鮮から、西は東欧まで支配した。1253年に、モンゴル帝国が中国の雲南省を侵攻した際に、ペスト菌の感染源とされるネズミやノミなどが、元の軍隊とともに各地に運ばれたといわれる[5]。

1338年頃、現在のカザフスタンで、ペストの流行が始まった[6]。1347年、モンゴル軍（キプチャック・ハン国）は、ジェノバの商人の貿易拠点であった黒海のクリミア半島にあるカッファ（現在のフェオドシア）を攻撃した。その際、ペスト菌をもつネズミがカッファに侵入し、それが欧州に持ち込まれたとみられる。

地中海の海運と交易は、1096〜1291年の十字軍が、約200年にわたって欧州と中東を往来したことにより発達した。イタリアの港湾都市の商人は、地中海地域の物資の運搬の主役であっ

4　河口明人「予防概念の史的展開：中世・ルネサンス期のヨーロッパ社会と黒死病」（「北海道大学大学院教育学研究院紀要」第102号、2007年）15〜53頁。
5　林光江「北京駐在スタッフの随想」から、014「中国の結核問題と対外医療援助：負債と資産」（東京大学医科学研究所アジア感染症研究拠点ウェブサイト、2017年11月20日）。
6　ニュースレター（機関紙）　感染症ノスタルジア(4)濱田篤郎「文明を進化させてしまう魔力…ペスト」（一般財団法人海外邦人医療基金ウェブサイト）。

た。カッファからイタリアに持ち込まれたペストは、物資の流通や人の交流を通じて、欧州全域に広がった。

第3回流行は、1894年に香港を中心に発生し、およそ1,000万人が亡くなった。1894年に、北里柴三郎は香港でペスト菌を発見し、ネズミの駆除によりペストの流行を食い止めた。北里は、アレクサンドル・イェルサン（フランス）とともに、ペスト菌の発見者として認定された。それ以降、ペストの大流行は起きていない。

中世の欧州社会を変えたペスト

第2回の流行は、中世の欧州社会の構造を大きく変えた。ペストで人口の3分の1を失った欧州はその社会制度を維持できなくなり、時代は中世から近代に移る。

中世の欧州は、ローマ教皇を頂点として、神聖ローマ帝国皇帝、各地の国王や諸侯、貴族、そして領主と農民（農奴）との間で主従関係が存在する封建社会であった。これは、領主に束縛された多くの農民が、事実上、農奴として荘園で働くことで成り立つものであった。

しかし、ペストの流行や百年戦争（1339～1453年）などの戦乱によって、荘園を支える農民の人口が激減した。ペストの死者は下層階級に多かったため、荘園を維持することが困難になった[7]。農民人口の減少は、賃金の上昇をもたらした。そのため、荘園の領主は農奴を維持できず、農奴解放につながった[8]。こうして、中世の社会制度の根幹であった封建社会的荘園制が崩壊した。

当時、ローマ教皇が絶対的な権威をもっていた。しかし、十字軍の失敗に加えて、ペスト禍になすすべのなかったローマ教皇の権威が失墜した。また、活版印刷技術により、聖書が普及し、聖職者の地位が低下することになった。そして、レオ10世の免罪符乱発が、宗教改革につながった（詳細は第4章参照）。

　こうして、13〜14世紀にかけて、①ローマ教皇の地位の低下、②荘園制の崩壊、③貨幣経済の発達、④商工業の発達に伴う都市の成長、が同時に起きた。人々の生活と考え方を抑圧してきた封建制度と教会の権威失墜により、人間性の自由と解放が求められ、芸術や科学などを革新した。

　これが、ルネサンスが生まれた社会的背景である。

　文化、芸術においても、ペストの影響は大きい。14世紀にペストが猛威を振るうなか、ジョヴァンニ・ボッカッチョは物語集『デカメロン』をつくりあげた。ペスト流行中、10人の男女が郊外で、不安を払しょくするため、10日間にわたり100の物語を語り合う内容である。人間の予想をはるかに超えたペストの経験が、ダ・ヴィンチ、ミケランジェロ、ダンテなど、個性豊かなルネサンス文化をもたらした。

7　河口明人「予防概念の史的展開：中世・ルネサンス期のヨーロッパ社会と黒死病」（「北海道大学大学院教育学研究院紀要」第102号、2007年）15〜53頁。
8　山本太郎「人類が直面する新たな感染症の脅威」（帝国書院ウェブサイト「高等学校　世界史のしおり」2016年度　3学期号）。

近代に欧州で蔓延した感染症

18〜19世紀の欧州の都市では、コレラ、結核、天然痘、マラリアなどが流行し、多くの命が失われた。

被害が拡大した一因として、都市部の人口密集があげられる。18世紀に、英国で産業革命が始まり、欧州主要都市に労働者人口が集中した。多くの労働者は上下水道やトイレが十分に整備されていない劣悪な集合住居に密集して住んだ。19世紀前半まで、ロンドンやパリではテムズ川やセーヌ川に下水を流し、そしてそれらから上水道を取得していた。つまり、下水の交じった水を飲用にしていたのである。

産業革命で栄えたロンドンの人口は、1801年の96万人から1901年には453万人と4倍以上になり、不衛生な貧民街が形成された[9]。さらに、労働者の多くは長時間労働で、栄養不良であったため、感染症は死につながるものが多かった。

18世紀には、英国では4万5,000人が天然痘のために死亡した。天然痘は、伝染力が非常に強く死に至る疫病として紀元前から人々から恐れられていた[10]。16世紀に、中南米を征服したスペイン人が天然痘を持ち込み、原住民のほとんどが死んだといわれる。1796年に、エドワード・ジェンナー（英国）が、牛痘を用いた種痘法を開発した。1980年、世界保健機関（WHO）

9　加藤文子「イギリス産業革命と19世紀医療衛生政策—ナイチンゲールの業績への社会政策的評価—」（「実践女子大学人間社会学部紀要」第六集、2009年）177〜197頁。
10　天然痘（痘そう）とは（国立感染症研究所ウェブサイト、2011年7月7日）。

は天然痘の根絶を宣言した。

19世紀に、結核が大流行した。結核は古くから存在しており、9,000年前のドイツで発掘された人骨にも痕跡が認められる[11]。結核は過労、栄養不足、集団生活などが伝染の要因とされ、労働者層や貧困層に流行する傾向がある。結核の抗菌薬ストレプトマイシンが開発されたのは、1943年である。

さらに、アジアやアフリカなど海外の植民地の風土病が欧州に持ち込まれた。その代表例が、コレラ（インド）、マラリア（アフリカ）、梅毒（米大陸）である。

マラリアは、亜熱帯・熱帯地域を中心に分布する、マラリア原虫を病原体とする感染症であり、現在でも、結核、エイズと並ぶ世界3大感染症の一つである[12]。フランスの病理学者ラブランが、1880年に赤血球内に寄生するマラリア原虫を発見した。

コレラ大流行が街のかたちを変えた

植民地の風土病のなかで、世界中に感染が広がったのがコレラである。コレラは、もともと、インドのベンガル地方の風土病であった。1817年にインドで流行したものが、英国人によって欧州に持ち込まれた。19世紀前半、コレラは世界的に流行し、欧州では数百万人が亡くなった。感染症拡大に対応すべ

11　青木正和「わが国の結核対策の現状と課題⑴「わが国の結核対策の歩み」」（「日本公衛誌」第9号、2008年9月15日）667〜670頁。
12　マラリア　Malaria（東京都感染症情報センターウェブサイト、2015年5月7日）。

く、ロンドンやパリなどの大都市が大きく改造された。

　パリの人口は19世紀初頭の約50万人から20世紀初頭には250万人へと急増した。ロンドン同様、19世紀前半には上下水道が整備されておらず、ほとんどの集合住宅にはトイレがなかった。

　コレラは、パリを「花の都」に変貌させた。パリでは、1832年以降、断続的にコレラが流行していた。当時、出稼ぎ労働者が住む家具付賃貸住宅（ガルニ）は「不衛生住宅」と呼ばれていた[13]。特に、多湿、換気・採光不足、過密居住の下級のガルニでは、居住者の5〜6割に及ぶコレラ患者が発生した。

　1852年に、第二帝政皇帝ナポレオン3世（在位1852〜1870年）とセーヌ県知事オスマンが、首都パリの大改造を行った。1852年デクレ政令により、政府が土地を収用できる制度（超過収用政策）を導入した。パリの地下には石灰岩が広く分布し、街の建設に必要な石材を多く産出した。このため、市街地の再開発は比較的容易であった。

　拡幅された大通りに、豪壮なファサード（装飾付きの正面）を有する建物（オスマン様式）が統一性をもって構築された[14]。第二帝政期に、パリ市内の5分の1の道路が整備された[15]。オペラ座の建築もこの時期である。こうして、統一感のある美しいパリの街並みが形成された。

13　大森弘喜「1832年パリ・コレラと「不衛生住宅」─19世紀パリの公衆衛生」（「成城大学経済研究」第164巻、2004年）67〜123頁。

14　大森弘喜「19世紀パリの住宅改革と公衆衛生」（「成城大学経済研究」第200巻、2013年）67〜121頁。

15　堀正弘「パリ改造事業と日本への影響」（「国土交通政策研究所報」第50号2013年秋季）2〜15頁。

パリの上下水道のインフラは整備され、民間企業との協業により、給水能力が拡大した[16]。それでも、1880年に、パリで腸チフスが流行した。整備された水道インフラが十分に利用されず、下水道の汚水滞留により大悪臭が発生した[17]。パリが、清潔で美しい街に変貌したのは19世紀末のことであった。

　コレラは、英国で田園都市の概念を生んだ。ロンドンではコレラが3度大流行した。1854年の流行時に、後に、「疫学の父」と呼ばれるジョン・スノウ（英国）が、ロンドンのコレラの感染源を突き止めた。上下水道を整備し、その後の感染拡大を防いだ。ただし、依然としてロンドンの生活環境は劣悪であった。

　1898年に、エベネザー・ハワードは田園都市構想を提唱した[18]。「人間らしく暮らすには、田園の良好な環境と都市の利便性とを兼ね備えた街や住まいが必要」と考え、レッチワースなど新都市の建設を主導した[19]。ロンドン郊外のニュータウンとロンドンとをつなぐ鉄道が建設され、これにより人々の生活環境は大きく改善した。

16　栗田啓子「19世紀パリの上・下水道整備と土木エンジニア」（「土木学会論文集」No.506／IV-26、1995年）1〜11頁。
17　大森弘喜「19世紀パリの水まわり事情と衛生（続・完）」（「成城大学経済研究」第197巻、2012年）1〜68頁。
18　堀江興「ハワードの田園都市思想と都市形成の変遷―イギリス・レッチワースを例として―」（「新潟工科大学研究紀要」第6号、2001年）31〜47頁。
19　河村茂「千客万来の社交都市・ロンドン　民活・地方分権（自治）で都市創生・活性化（その2）―寛容の精神と開放的な文化風土が多くの人々に活躍の舞台を提供、クリエイティブな都市へ―」（日本不動産研究所ウェブサイト、2016年）。

渋沢栄一は、欧米諸都市の視察をもとに、東京の郊外に自然と都市の長所を併せ持つ理想の街である田園都市を構想した[20]。1918年に、渋沢栄一は田園都市株式会社を設立した。これが東急電鉄となって、その後の田園調布や東急田園都市線の土台となった。

　ただし、ハワードは労働者向けの都市を建設したのに対して、渋沢は富裕層向けの住宅の整備を目指した。その後、田園調布や東急田園都市線沿線は高級住宅街として発展した。

感染症が生んだ世界の近代医学

　19世紀後半に、多くの感染症の流行を契機に、欧州では細菌学、免疫学、医療技術が飛躍的に発展した。この時期に、マラリア、腸チフス、破傷風、ハンセン病、梅毒などの病原菌が発見された。ロベルト・コッホ（ドイツ）とルイ・パスツール（フランス）は、「近代細菌学の父」と呼ばれる。

　1879年に、パスツールは、ワクチンの予防接種法を開発した。代表的な研究は、飲料の低温殺菌法の開発、自然発生説の否定（無生物から生物は発生しない）、弱毒化細菌を用いたワクチンの開発、狂犬病のワクチンの開発などである。

　コッホは純粋培養法を確立し、1876年に炭疽菌、1882年に結核菌、1883年にコレラ菌を発見した。1890年には、結核の治療

20　「東急グループの原点である田園都市株式会社設立から100年現在、そして未来へとDNAを紡ぐ「洗足・大岡山・田園調布まちづくり100年」プロモーションを展開します」（東急グループウェブサイト2018年7月5日）。

図表1−2　主要な病原菌発見の歴史

時期	発見者	国	病原菌
1873年	アルマウェル・ハンセン	ノルウェー	ハンセン病
1876年	ロベルト・コッホ	ドイツ	炭疽菌
1880年	カール・エーベルト	ドイツ	腸チフス
1880年	シャルル・ラブラン	フランス	マラリア
1882年	ロベルト・コッホ	ドイツ	結核菌
1883年	ロベルト・コッホ	ドイツ	コレラ菌
1884年	アルトゥール・ニコライア	ドイツ	破傷風
1894年	北里柴三郎、アレクサンドル・イェルサン	日本、フランス	ペスト菌
1898年	志賀潔	日本	赤痢菌
1905年	フリッツ・シャウディン、エーリッヒ・ホフマン	ドイツ	梅毒

出所：各種資料より筆者作成

薬としてツベルクリンを開発した。1905年に、コッホはノーベル生理学・医学賞を受賞した。

　この時期は、ドイツが世界の近代医学の進歩をリードした。英国医学は治療、予防に重点を置く実用的医学だが、ドイツ医学は病気の原因を追究する基礎医学であった[21]。つまり、英国はけが人と病人を治療することに重きを置き、ドイツは学問としての医学、研究を重視していた。

　国家形成が遅れたドイツでは、19世紀初頭まで医学は混迷していた（ドイツ帝国建国は1871年、第4章参照）。しかし、19世

21　中山和彦「ドイツ医学とイギリス医学の対立が生んだ森田療法─森田理論をその源流から探る」（『精神経誌』110巻8号、2008年）698〜705頁。

紀半ば以降、生殖器発生学のヨハンネス・ミューラー、内科の
ヨハン・シェーンラインらが、実証的な科学として医学を発展
させた。1858年に、ルドルフ・ウィルヒョウは、細胞病理学説
（生命体の基本単位である細胞の変化が病気の原因となる）を提唱
した[22]。

　また、医学水準の向上とともに、顕微鏡、注射器、体温計な
ど医療機器も発達した。1895年にヴィルヘルム・レントゲン
（ドイツ）がX線を発見し、1901年に第1回ノーベル物理学賞
を受賞した。

　こうして、19世紀後半に、ドイツ医学は世界最高レベルにま
で発展を遂げた[23]。戦前（〜1945年）、ドイツは、自然科学の研
究において世界をリードしており、ノーベル賞自然科学3部門
の受賞者数は世界1位であった。病理学の分野で、顕微鏡を
使った実験医学が発展したドイツでは、研究者が多くの病原菌
を発見した。

　看護医療の重要性が認識されたのも、この時期である。英国
のフロレンス・ナイチンゲール（1820〜1910年）は、クリミア
戦争（1853〜1856年）の「従軍看護婦」として活躍し、戦地にお
ける感染症の抑制に貢献した。また、看護師の職業を確立し、
看護学校を創設するなど、看護医療の発展に大きく寄与した。

　日本でも、この時期に医学が発達した。ドイツ留学中にコッ

22　丸塚浩助「病理医って？―病理の現在、過去、未来―」（「Hygeia」
　　第43号、2003年3月）。
23　安田健次郎「西洋医学の伝来とドイツ医学の選択」（「慶應医学」
　　Vol.84　No.2、2007年6月）69〜84頁。

図表1－3　戦前（～1945年）の自然科学分野の国別ノーベル賞受賞者数上位11カ国

(単位：人)

	国	人数 （合計）	物理学	化学	生理学・ 医学
1	ドイツ	39	12	17	10
2	英国	25	10	6	9
3	米国	18	8	3	7
4	フランス	17	6	7	4
5	オーストリア	10	3	3	4
6	オランダ	8	4	2	2
7	スウェーデン	6	2	3	1
7	スイス	6	2	3	1
9	ハンガリー	5	1	2	2
10	ポーランド	4	3	1	0
10	ロシア	4	1	1	2

出所：ノーベル財団

ホの指導を受けた北里柴三郎は、「日本近代医学の父」と呼ばれる。北里は、伝染病研究所（現東京大学医科学研究所）、北里研究所（1962年北里大学設置）、慶應義塾大学医学部、日本医師会などを設立した。そして、北里研究所は、1898年に赤痢菌を発見した志賀潔、黄熱病を研究した野口英世など世界的な研究者を輩出した。

スペイン風邪は3度流行した

近代以降、最大のパンデミックはスペイン風邪（1918～1920年）であった。世界全体（当時の人口18～20億人）で5億人以上が感染し、2,000万～5,000万人が死亡したとされる[24]。

スペイン風邪は、最初に米国カンザス州の陸軍基地で発生し

たが、米国の第一次世界大戦参戦に伴い、世界的に流行した。ただし、当時は大戦中であったため、その流行については、各国で厳しい情報管制が敷かれた。スペインは当時中立国であったため、情報管制がなく、スペイン風邪について自由に報道された。スペイン国王や閣僚が感染したことが報じられたことから、一般に、スペイン風邪と呼ばれるようになった。

ただし、スペイン風邪は、風邪ではなく、インフルエンザであった。インフルエンザがウイルスによって感染することが証明されたのは1933年のことであった。スペイン風邪は、A（H1N1）という亜型のインフルエンザウイルスであり、人と鳥とのウイルス遺伝子が再集合してできたと考えられている[25]。

インフルエンザは、インフルエンザウイルスに感染することで発症し、38度以上の発熱、頭痛、関節痛、筋肉痛など全身症状が突然現れる。風邪（風邪症候群）は、ライノウイルス、コロナウイルス、アデノウイルスなど100種類以上あるとされるウイルスが原因となる。

後の研究によって、スペイン風邪のウイルスは、感染によりヒトの自然免疫反応に異常を起こし、人体にとって強い毒性をもつことが確認された[26]。さらに、ヒトのみならず哺乳類一般の肺に強い障害を引き起こし、呼吸器系で増殖しやすいことが

24　川名明彦「スペインインフルエンザ（前半）」（内閣官房ウェブサイト、2018年12月17日）。
25　川名明彦「スペインインフルエンザ（後半）」（内閣官房ウェブサイト、2018年12月25日）。
26　東京大学医科学研究所「スペイン風邪をサルで再現させて、謎だったウイルスの病原性を解析」（科学技術振興機構ウェブサイト、平成19年1月18日）。

明らかになっている。当時は、ワクチンも治療薬も存在せず、若年者と妊婦を中心に致死率が高かった。世界的に3度の流行があり、第2波の致死率が高かったことが特徴的であった。

ニューヨーク連邦準備銀行とマサチューセッツ工科大学の研究者がスペイン風邪の経済的影響について分析した。それによると、社会的距離などの公衆衛生上の対策（NPI）を厳格に行った地域ほど、死亡率が低く、雇用の回復も早く、経済的影響を緩和することが明らかになった[27]。当時の日本でもマスク着用、咳エチケット、人ごみの回避などが推奨されていた。

つまり、こうした感染症対策は、現在の新型コロナ対策とおおむね同じである（手洗い、消毒を除く）。この100年間に医学は大きく進歩したが、それでも対策が大きく変わらないほどウイルス対策は困難を極めるのである。

2度の世界大戦とスペイン風邪

スペイン風邪は、第一次世界大戦の終結（1918年）を早めたともいわれる。ドイツ軍と英仏連合軍の両軍が膠着状態に陥った西部戦線では、兵士が塹壕に密集していた。そこに、インフルエンザウイルスが広く蔓延し、多数の死者が続出した。

第一次世界大戦の死亡者推計は、2,000万人程度（出所：Centre Européen Robert Schuman）とされる。スペイン風邪による死亡者数（2,000万〜5,000万人）は、同程度かそれを上回って

---

27 Sergio Correia, Stephan Luck & Emil Verner, "Fight the Pandemic, Save the Economy: Lessons from the 1918 Flu", Federal Reserve Bank of New York, March 27, 2020.

いることになる。結果として、両陣営とも戦争継続が困難と
なった。

さらに、スペイン風邪は、第二次世界大戦の遠因になったと
いう見方がある。第一次世界大戦の講和交渉において、米国
ウッドロー・ウィルソン大統領は、1918年に、14カ条の平和原
則（ウィルソン綱領）を掲げた。14カ条の平和原則は、国際連
盟の設置、秘密外交の廃止、公海航行の自由、関税障壁の撤廃
など、戦後の国際社会のあり方、戦後処理等を示したものであ
る。

ウィルソン大統領は、14カ条の平和原則に基づき、敗戦国ド
イツに賠償を求めない方針であった。ドイツへの過重負担は、
戦後の世界秩序に悪影響をもたらすとの考えからである。ウィ
ルソン大統領は、国際連盟創設への貢献が評価され、1919年
ノーベル平和賞を受賞した。

1919年のパリ講和会議において、英国やフランスは、ドイツ
の支払能力を超える賠償金を請求した。両国は、戦争の被害が
大きく、かつ米国に対して多額の債務を負っていたからであ
る。一方、米国はドイツの賠償金支払能力を低く見積もり、英
国やフランスよりもかなり低い賠償額を提案した[28]。

しかし、同年4月3日に、ウィルソン大統領がスペイン風邪
に感染し、交渉の当事者能力を失った。その結果、4月5日、
米国は妥協に応じ、賠償額を未定のまま、ドイツの賠償責任を
明示した条項（ベルサイユ条約232条）が合意された。6月28日

28　清水正義「パリ講和会議と賠償問題」（「白鷗法学」第21巻1号（通巻
　　第43号）、2014年）171〜198頁。

に、連合国とドイツの間で、ベルサイユ条約が調印された。

1921年に、連合国賠償委員会が賠償額を1,320億金マルクと決定した。この巨額の賠償金はドイツの支払能力を大きく超えていた。ウィルソン大統領がスペイン風邪に感染しなければ、これほどの巨額にならなかったといわれる。

その後、ドイツはハイパーインフレを経験するなど、経済は破綻状態になった。厳しい賠償に対するドイツ国民の反発と復讐心が、やがて、ヒトラー率いるナチスの台頭を生む要因の一つとなった。そして、ドイツは、英国、フランス、ソ連などを相手に第二次世界大戦を引き起こした。

日本の感染症の歴史

歴史的に、海外から多くの感染症が日本に持ち込まれ、大きな被害を出してきた。そのなかで、最大の疫病は奈良時代の天然痘であったとみられる。

8世紀に遣唐使や朝鮮半島を経由して、天然痘が日本にも伝染した。737年に、天然痘が大流行し、当時の日本の人口の30％前後に及ぶ150万〜200万人が亡くなったとされる（天平の大疫病）。平城京で政権の中枢を担っていた藤原4兄弟らも死亡している[29]。同時期に、地震、飢饉などの天災が多く発生した。

奈良の大仏は、天然痘などの災難を乗り切ることを念じて、造立された。743年に、聖武天皇は仏教に救いを求め、東大寺

29　篠原拓也「感染症の現状（後編）─感染症は人類の歴史をどう変えたか？」（ニッセイ基礎研究所ウェブサイト、2019年8月19日）。

盧舎那仏像（奈良の大仏）の造立の詔を発した。747年に、盧舎那仏の造営が始まり、752年に、開眼法会が行われた（仏像の完成）。

日本では、マラリアは古くから瘧（おこり）と呼ばれた。1181年に死去した平清盛の死因はマラリアであるという説がある[30]。明治から昭和初期にも流行したが、1950年に流行は収束し、現在、国内での感染による発生はない[31]。

コレラは、江戸時代後期の1822年、1858年に流行した[32]。激しい嘔吐、下痢、全身痙攣により、瞬く間に死に至ることから、「三日コロリ」などと呼ばれた。明治初期、九州では寄港した外国船からコレラ患者が出、流行していた。1877年の西南戦争の帰還兵が全国に感染を広げ、その後、3度流行した。1879年には、コレラによる死亡者数は10万人に達した。それ以降、政府による感染症対策が整備された。

結核は、結核菌が体内で増殖し、肺結核、腸結核、腎結核などを引き起こす感染症である[33]。日本では、弥生時代からあったとされ、本格的な流行は、江戸時代～明治時代である[34]。1860年から終戦まで、結核は、「国民病」「亡国病」として、日

30　赤谷正樹「平清盛の死因─藤原邦綱の死との関連を中心に─」（「日本医史学雑誌」第62巻1号、平成28年）3～15頁。
31　「マラリアについて知る」（Malaria No More Japanウェブサイト、2017年11月）。
32　「46　コレラの流行～西洋文明への反発と受容～」（静岡県教育委員会編『資料に学ぶ静岡県の歴史』（平成21年）所収。静岡県立中央図書館ウェブサイト）102～103頁。
33　感染症情報「結核（BCGワクチン）」（厚生労働省ウェブサイト）。
34　森亨「Ⅱ．内科100年の変遷─日本の結核流行と対策の100年」（「日本内科学会雑誌」第91巻第1号、平成14年）129～132頁。

図表1－4　日本におけるスペイン風邪の死亡者数

時期	患者数 （万人）	死亡者数 （万人）	致死率 （％）
第1回　1918年8月～1919年7月	2,117	25.7	1.2
第2回　1919年8月～1920年7月	241	12.8	5.3
第3回　1920年8月～1921年7月	22	0.4	1.7

出所：内務省衛生局。池田一夫、藤谷和正、灘岡陽子、神谷信行、広門雅
　　　子、柳川義勢「日本におけるスペインかぜの精密分析」（「東京都健
　　　康安全研究センター研究年報」第56巻、2005年）370頁

本の疾病による死亡原因の1位であり、若年者の死亡率が高
かった。現在でも、日本で毎年約1万8,000人が新たに結核を
発症し、毎年約1,900人が結核で亡くなっている。

　スペイン風邪は、日本でも1918年から3年連続流行し、死者
数は計39万人となった（内務省衛生局）[35]。第1回流行期間中の
総患者数は2,117万人と、当時の全人口5,719万人の37％に達し
た。第2回の患者数は前年比89％減少したが、致死率が前年の
1％強から5％超まで上昇した。ウイルスが変異して、強毒化
したとみられる。第3回は死者数が激減し、その後は、大流行
はなくなった。

　ウイルス性感染症終息には、集団免疫（人口の60％以上が免
疫を獲得）が必要である。集団免疫形成方法には自然感染とワ
クチン接種の2種類がある。当時はワクチンがなかったので、

35　池田一夫、藤谷和正、灘岡陽子、神谷信行、広門雅子、柳川義勢「日
　　本におけるスペインかぜの精密分析」（「東京都健康安全研究センター研
　　究年報」第56巻（2005年）所収。東京都健康安全研究センターウェブサ
　　イト）369～374頁。

スペイン風邪は3年連続流行する過程で、自然に集団免疫が形成されたものと推察される。

　ハンセン病は、皮膚と末梢神経を主な病変とする抗酸菌感染症である[36]。8世紀の『日本書紀』においてハンセン病の記録があるほか、戦国武将の大谷吉継がハンセン病であったとされる[37]。現在、完全に治療可能な病気であるが、日本では、1996年にらい予防法が廃止されるまで約90年間、ハンセン病患者の隔離政策がとられ、差別や人権侵害が行われてきた。

　ポリオ（急性灰白髄炎、小児まひ）は、ポリオウイルスによる感染症で、日本では、1940年代に流行した。1961年に、ポリオワクチンの接種が行われ、ポリオの流行は終息した[38]。ポリオ感染者の90～95％は、無症状であり、感染者の0.1～2％にまひが起こる。

多様化する感染症

　WHOによると、過去に、スペイン風邪、下記の3種類のインフルエンザ、そして、新型コロナと計5回のパンデミックが発生した。インフルエンザは、主に、A型、B型、C型があるが、大きく流行するのはA型とB型である[39]。現在では、香港

36　「ハンセン病とは」（国立感染症研究所ウェブサイト、2016年4月7日改訂）

37　「ハンセン病～病気と差別をなくすために～>ハンセン病とは」（日本財団ウェブサイト）。

38　「ポリオ（急性灰白髄炎・小児麻痺）とは」（「IDWR」2001年第26号、国立感染症研究所ウェブサイト）。

39　「インフルエンザの基礎知識」（厚生労働省ウェブサイト、2007年12月）。

型（A/H3N2）とソ連型（A/H1N1）が、季節性インフルエンザとして冬季に流行する。ただし、医療体制が整備されるにつれ、感染症の死者数は徐々に減少している。

1957～1958年のアジアインフルエンザ（A/H2N2型）は、中国で発生し世界中に広がった。死者数は推計200万人であった。1968年に出現した香港型インフルエンザでは死者数が同100万人であった。

2009年にメキシコで新型インフルエンザ（A/H1N1型、豚インフルエンザ）が発生した。死者は2万人であった。新型コロナの死亡者数が90万人台（2020年9月15日時点）であることからすれば、過去のパンデミックと比較するとそれほど多いわけではない。

新しく認知され、局地的にあるいは国際的に公衆衛生上の問題となる感染症は、新興感染症と呼ばれる。1976年のエボラ出血熱、1981年のエイズ（後天性免疫不全症候群）、1996年の鳥インフルエンザ、2003年のSARSなどが含まれる。

牛海綿状脳症（BSE）は、牛の病気で、異常プリオンタンパク質が主に脳に蓄積し、脳の組織がスポンジ状となり、異常行動、運動失調などの神経症状を示し、最終的には死に至る[40]。1986年に英国で発見された。BSEと同じ病原変異型クロイツフェルトヤコブ病（vCJD）は人間の病気である。BSEとvCJDの直接的関連を示す科学的根拠は明確でないが、BSE感染牛から食品を介して、人間に感染する可能性が指摘される。

40　「牛海綿状脳症（BSE）等に関するQ&A」（厚生労働省ウェブサイト、2017年9月8日最終更新日）。

コロナウイルスとは何か

　21世紀に入っても、新たな感染症が多く生まれているが、その代表的なものがコロナウイルスである。コロナウイルスは、人間の周りに生息する家畜や野生動物に感染し、さまざまな疾患を引き起こす[41]。表面に存在する突起の形状が王冠に似ていることから、ギリシャ語の王冠を意味するコロナと呼ばれる。

　現在まで存在が確認されているコロナウイルスは7種類ある。ヒトに蔓延する風邪のウイルスが4種類、動物から感染する重症肺炎ウイルスが3種類である。風邪のウイルスのうち、2種類が1960年代、残りの2種類が2000年代に発見された。いずれも風邪に近い症状を起こし、通常は重症化しない。

　死に至る危険があるのが、重症肺炎ウイルスである（以下概要）。3種の重症肺炎ウイルスに共通する点は、有効な治療薬とワクチンがいまだ開発されていないことである。

１．重症急性呼吸器症候群コロナウイルス（SARS-CoV）

　SARSは、2002年に中国で発生した。2003年まで東アジアを中心に感染が広がったが、早期封じ込めに成功した。2003年末時点で、感染者数は8,069人、死者数は775人であり、致死率は10％である（出所：WHO）。発生源はコウモリであったとされる。

２．中東呼吸器症候群コロナウイルス（MERS-CoV）

　MERSは、2012年にサウジアラビアで発生し、中東を中心に

41　「コロナウイルスとは」（国立感染症研究所ウェブサイト、2020年1月10日）。

広がった。2019年11月末時点で、感染者数2,494人、死者数858人であり、致死率が34％と高いのが特徴である。ただし、発生源がヒトコブラクダであるので、感染はそれほど拡大していない。

3．新型コロナウイルス（COVID-19）

新型コロナは、2019年末に中国で流行し、急速に世界中に感染が広がった。世界の感染者数は2,900万人超（2020年9月15日時点）と、上記の1、2と比較にならないほど感染者数が多い。ただし、致死率は6％と高くない。

COVID-19の原因となるコロナウイルスは、SARS-CoVとウイルス学的に類似性がある。SARS同様、感染力が強いのが特徴である。過去のパンデミックと比較したCOVID-19の特徴は、平均潜伏期間が平均5日（2日〜14日、インフルエンザは平均2日）と長いことである[42]。感染性（基本再生産数）は、過去のパンデミックよりも高いとみられる。

長期化する新型コロナウイルスの感染

世界の新型コロナ死者数の2割を米国が占める。さらに、ニューヨーク州が全米の新型コロナ感染者の7％、死亡者が17％を占める。死者のうち12％（2万3,758人）がニューヨーク市に集中している（ロサンゼルス郡の死者は6,273人）。

---

42 Kristine A. Moore, Marc Lipsitch, John M. Barry & Michael T. Osterholm, "COVID-19 : The CIDRAP Viewpoint Part 1: The Future of the COVID-19 Pandemic: Lessons Learned from Pandemic Influenza", April 30, 2020.

図表1−5　死亡者数対感染者数（致死率）上位10カ国　（単位：人）

	国	致死率（％）	感染者数	死亡者数
1	イタリア	12.3	289,990	35,633
2	英国	11.1	374,228	41,664
3	メキシコ	10.6	671,716	71,049
4	ベルギー	10.5	94,306	9,927
5	エクアドル	9.2	119,553	10,963
6	フランス	7.8	395,104	30,999
7	オランダ	7.4	84,778	6,258
8	スウェーデン	6.7	87,345	5,851
9	カナダ	6.6	138,803	9,188
10	ボリビア	5.8	127,619	7,394

注：2020年9月15日時点。死亡者数1,000人以上。
出所：Worldometer

　人口構成比に対し、アフリカ系米国人の死亡者数が多い。①貧困のため医療を十分に受けられない、②基礎疾患を抱える人が多い、③在宅勤務が困難な職業に従事している、など格差問題に起因すると考えられる。

　欧州主要国の致死率は10％前後と、世界の3％を大幅に上回る。一方で、ドイツは4％と低い（日本は2％）。ドイツの致死率が低い理由として、大量検査で早期に感染者を発見し、外出自粛や隔離を促したことがあげられる。また、人工呼吸器数も豊富である。

　SARSと異なり、新型コロナは早期の封じ込めに失敗したため、世界中に拡散している。前述のとおり、集団免疫が形成されるまで、完全に収束することはむずかしいであろう。自然感染戦略は、国民の大半を自然に感染させ、免疫を獲得させる政

策である。

　スウェーデンは、国境封鎖、移動制限、飲食店への休業命令などを導入せず、他国よりも緩やかな措置をとる[43]。その背景として、①連立政権であるため幅広い政治的コンセンサスが必要である、②国民が政府を信頼しているため自粛や社会的距離などの措置に従った、③子どものいない単身世帯が多く家庭内感染の可能性が相対的に低い、などがあげられる[44]。

　スウェーデンは、強制的な封鎖措置をとらない代償として、感染者の致死率は７％と高い。これは、北欧の隣国ノルウェー２％、フィンランド４％と比較してかなり高い。ただし、スウェーデンのハレングレン社会相は、新型コロナに関して集団免疫を形成する戦略はとっていないと答えている[45]。

　過去のパンデミックからの教訓として、集団免疫を獲得するには、１年半〜２年かかると推測される[46]。MITの研究者によると、新型コロナの収束まで今後１年半〜２年かかるという[47]。つまり、収束は2022年前半頃という予想である。

---

43 「国内事情に沿った新型コロナ対策を強調も、厳しい規制発出の可能性も示唆」（ジェトロビジネス短信（2020年５月７日）、ジェトロウェブサイト）。

44 Christopher Thompson「コラム：「スウェーデン流」コロナ対策をマネできない理由」（ロイター、2020年５月13日）。

45 「厳格な行動制限設けないスウェーデン、新型コロナ対策は成功したのか」（CNN、2020年４月29日）。

46 Kristine A. Moore, Marc Lipsitch, John M. Barry & Michael T. Osterholm, "COVID-19:The CIDRAP Viewpoint Part 1: The Future of the COVID-19 Pandemic: Lessons Learned from Pandemic Influenza", April 30, 2020.

47 Antonio Regalado, "A coronavirus vaccine will take at least 18 months—if it works at all", MIT Technology Review, March 10, 2020.

トランプ大統領は、早期のワクチン開発をワープ・スピード作戦と名づけ、大規模なワクチン開発・供給を目指す[48]。100億ドル規模の資金を投じ、国立衛生研究所（NIH）、疾病予防管理センター（CDC）、食品医薬品局（FDA）などの政府機関、陸軍、民間企業と連携する。

　ただし、ワクチンが一般的に入手可能になるのは、2021年以降になると予測される。さらに、今回の新型コロナの免疫の持続期間は現時点でわかっていない。また、実用化されたとしても、供給は米国優先が想定され、世界全体への供給体制が整うのは、しばらく先になろう。

　現状、新型コロナの早期封じ込めに成功したといえる国は、台湾、香港、韓国、ニュージーランドである。台湾、香港はSARS、韓国はMERSの経験と教訓が生きた。

　台湾の場合、SARS等の経験をもとに、従前から準備ができていたことに加え、外国からの人の移入の規模が日本より小さく、より早く水際対策による対応を講じていた[49]。2020年2月6日に、中国全土からの入国を禁止し、3月19日には、全外国人の入国を禁止した。

　韓国の場合、中国に次いで2番目に感染爆発が起きたが、集団感染地域以外は地域封鎖を行わずに、被害を最小化できた[50]。最も寄与した対策は徹底したPCR検査で、検査キットの

48　The White House, "Remarks by President Trump on Vaccine Development", May 15, 2020.
49　新型コロナウイルス感染症対策専門家会議「新型コロナウイルス感染症対策の状況分析・提言」（厚生労働省ウェブサイト、令和2年5月29日）。

大量生産、ドライブスルーなどのスピーディーな検査、検査の無料化を行い、感染者を分離・治療した。

都市封鎖が成功した例は、最初に流行が発生した中国の武漢である。武漢は1月23日に始まった封鎖が4月8日には解除された。ただし、国家統制が強力な中国だからこそ有効であったともいえる。

日本の衛生行政の歴史と新型コロナ対策

歴史的に、日本では感染症をうまく抑え込んできた。その理由の一つが充実した衛生行政である。

日本の衛生行政は、1872年に、文部省に設置された医務課が発祥である[51]。その後、1875年に内務省に新設された衛生局に業務が移管された。1938年には、新しく発足した厚生省に衛生行政が移管された。2001年に、厚生省は労働省と統合され厚生労働省となった。

日本独自の制度的な長所として、健康保険制度の充実がある。1922年に、労働者を対象とする健康保険法が制定された。1938年には、国民健康保険法が制定され、戦後の国民皆保険制度の基礎となった。1961年には、国民皆保険が実現された。

さらに、日本では、感染症において保健所が大きな役割をもっている。1937年に、(旧)保健所法(1947年、新保健所法)

50　呉学殊「緊急コラム　韓国の新型コロナ問題への対応—雇用・労働政策を中心に—」(労働政策研究・研修機構ウェブサイト、2020年5月1日)。

51　「平成26年版　厚生労働白書」(厚生労働省ウェブサイト、平成26年8月) 4頁。

が制定された。保健所は疾病の予防、衛生の向上など、地域住民の健康の保持増進に関する業務を行う。全国に本所469、支所121の保健所が設置されている（2020年4月1日現在）。

　前述のように、2009年に、新型インフルエンザが発生した。しかし、日本の死亡率は10万人当り0.16人と、諸外国と比較して、低い水準にとどまった。死亡率が低かった理由として、学校閉鎖、医療アクセスのよさ、医療水準の高さと医療従事者の献身的な努力、抗インフルエンザウイルス薬の迅速な処方や、手洗い・うがいなどの公衆衛生意識の高さなどがあげられる[52]。

　2020年に、政府は、内閣官房に、新型コロナウイルス感染症対策本部を設置した。本部長は内閣総理大臣である。庶務は、厚生労働省等行政機関が担う。厚生労働省の健康局、医政局、医薬・生活衛生局、保険局などが新型コロナ対策に取り組む。健康局は、保健所等を通じた地域保健の向上や感染症対策を担う。

　その根拠法は、2012年に施行された新型インフルエンザ等対策特別措置法である。その意味では、日本も過去の感染症の教訓を生かしている。

　新型コロナの患者を把握した場合、感染症法に基づき、保健所が積極的疫学調査を実施し、濃厚接触者に対する健康観察、外出自粛の要請等を行う。さらに、保健所は、院内感染、集団

52　新型コロナウイルス感染症対策専門家会議「新型コロナウイルス感染症対策の状況分析・提言」（厚生労働省ウェブサイト、令和2年5月29日）。

感染の対応や陽性患者の移送など、業務が多岐にわたる。

　一方、課題としてPCR検査数が低水準にとどまることが指摘される。全国的に感染が拡大した際、重症者の受入可能な病床がひっ迫する問題が生じた。人口百万人当りの検査数は、1万3,809件（2020年9月15日時点）であり、諸外国（米国28万5,256件、ドイツ16万260件、韓国4万2,212件）と比較して低い。PCR検査数が低水準である理由は、①保健所の業務がひっ迫していること、②検査のための人材（検体搬送）や資材（マスク、防護服）が不足していること、があげられる。

今後も新しい感染症は生まれる

　歴史上、多くのパンデミックを生んだのは、人間と脊椎動物（鳥や豚）との間で自然に感染する動物由来感染症である。狂犬病、結核、鳥インフルエンザなど、WHOが確認しているだけでも、200種類以上ある。

　もともと、インフルエンザウイルスは、渡り鳥であるカモの消化管に常在する[53]。鳥インフルエンザは、人間に直接感染しないが、豚を介して人間に感染することがある。カモは、夏の間は北極圏で繁殖活動を行い、冬に南下して越冬する。前述したように、米国カンザス州の陸軍基地で発生したスペイン風邪は、渡り鳥のウイルスが豚に感染し、それが兵士たちに感染したものといわれている。

　豚の呼吸器の細胞は、鳥と人間両方のインフルエンザウイル

53　檀原高「かぜとインフルエンザ—過去・現在・未来—」（「順天堂医学」第50巻第2号、2004年）149〜154頁。

図表1－6　主要な動物由来感染症の発生源

	感染症	主要な由来動物
一類感染症	エボラ出血熱	野生動物（チンパンジー、ゴリラ、オオコウモリ、サルなど）
	ペスト	ネズミ、ノミ
二類感染症	SARS	コウモリ
	鳥インフルエンザ（H5N1、H7N9）	鳥類（主に水禽類）
	MERS	ヒトコブラクダ
三類感染症	細菌性赤痢	ハエ、サル
	腸管出血性大腸菌	牛などの反芻動物
四類感染症	ジカウイルス感染症	蚊
	狂犬病	犬、猫、コウモリ
	デング病	蚊
	日本脳炎	コガタアカイエカ

出所：厚生労働省

スを保有することができる。このため、豚が、豚と鳥、豚と人間で共有可能なインフルエンザウイルスに感染し、それが豚の体内で混合、進化することがある。そして、ウイルス間で遺伝子の交換（遺伝子再集合）が起こり、新型のパンデミックインフルエンザが発生する[54]。

　過去の重大な感染症のうち、ペスト、アジアインフルエンザ、香港型インフルエンザ、鳥インフルエンザ、SARS、新型コロナは、中国やその周辺で流行が始まった。これは決して偶

---

[54] 「平成16年版　厚生労働白書　現代生活を取り巻く健康リスク―情報と協働でつくる安全と安心―」（厚生労働省ウェブサイト、平成16年）61頁。

然の一致ではなく、今後も、中国で新しい動物由来感染症が発生し、世界的なパンデミックを引き起こす可能性がある。

　経済開発が進む中国では、自然破壊によって人間と動物や鳥類などが接近しやすい。野生動物の生息地に人間が侵入し、森林を破壊すると、蚊や小動物を媒介してさまざまなウイルスが交配する。さらに、公衆衛生の意識の低さ、水資源の不足、水質や大気の汚染などの問題がある。特に、新型コロナが最初に流行した武漢市では、公衆衛生のレベルが低かったことが指摘されており、不衛生な海鮮市場が感染拡大を助長したとされる[55]。

　広東省など中国南部では、多くの動物種を食用にしている。中国では、農家が食用に用いられる鳥と豚を買うことが少なくないため、インフルエンザが発生しやすい。さらに、猫、犬、サル、ヘビ、ネズミ、コウモリ、ハクビシン、ワニなど多彩な野生動物が、不衛生な食肉市場で販売されている。市場では新鮮な肉が高く売れるため、これらが生きたまま、あるいは生のまま売買されることが少なくない。

　今後も、人口が増加するアジアやアフリカで環境破壊が進むことは避けがたい。新型コロナに続き、新たな動物由来感染症が発生する可能性がある。

新型コロナは変異する

　ウイルスは、デオキシリボ核酸（DNA）をもつものとリボ核

55　藤和彦「新型肺炎、中国の公衆衛生レベルの低さが流行助長…不動産バブル崩壊と金融危機が現実味」（Business Journal、2020年2月13日）。

酸（RNA）をもつものに大別される。DNAウイルスは変異しにくいので根絶可能な場合が多く、実際に、DNAウイルスである天然痘は根絶された。

　一方で、RNAウイルスは、突然変異により、絶え間なくゲノム情報を変化させやすい（変異しにくいRNAウイルスもある）[56]。スペイン風邪はRNAウイルスであるが、流行の２年目には変異して強毒化した。

　新型コロナも、RNAウイルスである。日本において、2020年１月から２月にかけて発生した初期のクラスターのウイルスは、武漢型であり、その後、消失した[57]。また、ダイヤモンド・プリンセス（DP）号を基点とするウイルス株は日本で発見されておらず、DP株も終息した。３月以降、欧州株の感染が国内で拡散した。これは、日本人観光客が欧州から持ち帰ったものと思われる。

　また、遺伝子の変異により、薬剤耐性をもつインフルエンザウイルスも発生しうる。これは、治療薬に対する抵抗力が強くなり、結果として抗インフルエンザ薬の有効性を弱めてしまうウイルスである。

　変異は、感染症対策に大きな影響を与える。ウイルスが変異すると、それまで開発した治療薬やワクチンの有効性が落ちることがある。

56　佐藤裕徳、横山勝「RNAウイルスと変異」（「ウイルス」第55巻第２号、2005年）221〜229頁。
57　「新型コロナウイルスSARS-CoV-2のゲノム分子疫学調査（2020/4/16現在）」（国立感染症研究所ウェブサイト、令和２年４月27日）。

変異の結果、ウイルスが強毒化する場合と弱毒化する場合がある。強毒化すると、宿主（たとえば感染した人間）が死んでしまうので、そのウイルスも生存できなくなる。そのため、隔離や社会的距離をとるなどにより広範囲に感染することを防げば、やがて強毒化したウイルスは絶滅する。

　一方で、弱毒化したウイルスは、宿主と共存することができる。たとえば、インフルエンザウイルスは多くの人間に感染し、季節性インフルエンザとして毎年冬に流行している。現在でも、日本では毎年3,000人前後がインフルエンザによって死亡している（出所：厚生労働省）。

　新型コロナのワクチンが開発されているが、ウイルスは変異するため、その効力は完全ではない。したがって、インフルエンザ同様、われわれは、新型コロナと長期にわたって共生することを求められる可能性がある。

日本で新型コロナの死亡者数が少ない理由

　新型コロナ感染を原因とする死者数は、世界が人口100万人当り120人であるのに対して、日本は11人と著しく低い。これは、欧州で最低水準にあるドイツの113人と比較してもかなり低く、中国（3人）、韓国（7人）と同水準である（2020年9月15日時点）。

　ベトナム、台湾、香港、タイ、シンガポールなど、東アジアや東南アジアの死者数も少ない。このため、アジア人は遺伝学的に新型コロナに感染しにくいという見方がある。しかし、欧州のなかでドイツの死者数が特別に低いように、人種だけでは

説明できない要因がある。

　日本の新型コロナの感染率や致死率が低い理由として、充実した医療制度が考えられる。日本は、健康保険制度が充実しており、貧富の差が比較的小さいため、だれでも早い段階で十分な治療を受けることができる。介護施設が充実しているため、高齢者を若年者から隔離することが可能であり、発病者を早期に発見、治療することができる。

　さらに、医学水準が高い。21世紀のノーベル生理学・医学賞受賞者は世界全体で47名だが、このうち日本は4名と米国の20名、英国8名に次いで3位である（二重国籍者は出生国でカウント）。

　WHOの2019年世界健康システム評価において、日本は190カ国中10位と、評価が高い。ただし、ランキング1位フランス、2位イタリアでは、新型コロナの死者数が多いので、医療体制が主たる理由とは言いがたい。

　日本では、感染を抑制する独自の要因があると考えられる。その代表例が以下のとおりである。

１．清潔を重視する生活習慣

　挨拶において、欧米では濃厚接触を生むキスやハグや握手などが多いが、日本では、会釈やお辞儀が一般的に行われるため、互いに直接接触する機会が少ない。

　食事において、欧米では指でパンをちぎって食べることが一般的だが、日本では箸を使って米飯を食べることが多い。さらに、毎日、入浴する習慣がある。また、手洗いやうがいの習慣が定着しており、外出先でも、手洗いしやすい環境が整備され

ている点も大きい。

2．低い糞口感染リスク

　ウイルスは糞尿に交じって感染が広がることがある（糞口感染）。そして、トイレにおける糞尿の飛沫が靴の裏などに付着するリスクがある。このため、公衆トイレが整備され、かつ清潔であることは重要である。欧米では、自宅でも靴を履いたまま食事をするが、日本では、自宅では靴を脱ぐことが一般的である。さらに、温水洗浄便座が普及している。こうした要因は、糞口感染のリスクを低下させる。

3．マスク着用の定着

　日本では、マスクの着用が定着していることも、飛沫感染リスクを下げている。米国など治安が悪い国では、強盗などの犯罪者がマスクで顔を隠し、あるいは、白人至上主義団体であるKKK（クー・クラックス・クラン）が覆面をしてデモ活動をする。このため、必ずしもマスクのイメージがよくない。日本では、スペイン風邪の流行以降、マスクの着用が広がり、それが、戦後、花粉症の広がりによってさらに一般化した。

　一方、日本では、都市部に人口が集中して感染が拡大しやすいというリスクがある。東京など大都市に新型コロナの感染者と死亡者が集中している。死亡者数1,451名のうち、東京都が386名（全体の27％、人口構成比は11％）を占める（2020年9月15日時点、出所：時事ドットコムニュース）。そこで、都市部に過度に集中した人口を分散し、さらに、上述の日本ならではの生活習慣を大切にすることにより、感染症リスクを抑制することが可能になろう。

2 新型コロナウイルスが世界経済と金融市場に与える影響

大恐慌以来の世界経済の悪化

　国際通貨基金（IMF）によると、世界経済成長率は、2019年の2.9％から、2020年は−3.0％に落ち込み、2021年は5.8％の回復を見込む（2020年4月時点、IMF推計、以下同じ）。つまり、2020年は急速に落ち込むが、回復は早いという予想である。

　米国の経済成長率は、2020年は−5.9％に落ち込む予想である。これは、リーマン危機後の2009年の−2.5％を大きく下回る。1930年の統計開始以来、大恐慌時代の1932年の−12.9％、第二次世界大戦後の1946年の−11.6％に次いで、3番目に厳しい景気悪化である。

図表1−7　主要国の経済成長率見通し

（単位：％）

	2019年	2020年予想	2021年予想
米国	2.3	−5.9	4.7
ユーロ圏	1.2	−7.5	4.7
英国	1.4	−6.5	4.0
日本	0.7	−5.2	3.0
中国	6.1	1.2	9.2
世界	2.9	−3.0	5.8
先進国	1.7	−6.1	4.5
新興・途上国	3.7	−1.1	6.6

注：IMF 2020年4月時点予想。
出所：IMF

図表 1 − 8　米国の経済成長率の推移

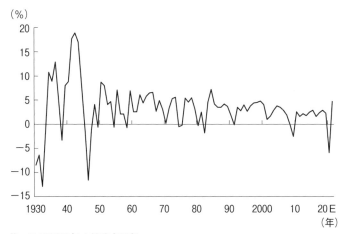

注：IMF2020年 4 月時点予想。
出所：BEA、IMF

　2020年 4 月の米国の失業率は、14.7％と1948年以降で過去最
高を記録した。それまでは、第二次石油危機後の景気後退であ
る1982年11月の失業率10.8％が過去最高であった。
　2020年11月に大統領選を控えて、トランプ政権は、大規模な
財政、金融政策を発動している。第 1 ～ 4 弾合計で 3 兆ドル規
模の財政出動（対GDP比15％）を打ち出している。さらに、ト
ランプ政権は、追加で景気対策を打ち出す可能性がある。
　新型コロナ感染が広がる欧州の打撃は大きい。2020年の予想
経済成長率は、イタリア−9.1％、スペイン−8.0％、フランス
−7.2％、ドイツ−7.0％、英国−6.5％と、他の地域よりもか
なり厳しい。これらに対応し、主要国は大型景気対策を実施す
る予定である。

欧州連合（EU）では、EU加盟国に対し財政赤字をGDP比
３％以下に抑えるという財政ルールを一時棚上げすることを決
定した。また、欧州安定メカニズム（ESM）などを活用し、総
額63兆円（5,400億ユーロ）の経済支援を開始する。そして、
１兆ユーロ規模の復興基金を設置することで合意している。

　ただし、欧州中央銀行（ECB）はマイナス金利を実施中であ
り、打つ手は限定的である。ECBは、88兆円（7,500億ユーロ）
の資産購入プログラムを実施し、量的緩和を行うが、米国と比
較すると規模は小さい。

　アジア経済は、それとは対照的に好調である。ベトナムや中
国などは新型コロナのダメージが相対的に小さく、かつ、資源
輸入国であるため、エネルギー価格下落の恩恵が大きい。中国
の経済成長率は、2020年は1.2％に落ち込むものの、2021年は
9.2％に急回復する見込みである。

　日本の予想経済成長率は、2020年が－5.2％、2021年が3.0％
である。リーマン危機後の2009年の成長率は－5.4％であった
ので、それに匹敵する落ち込みが予想される。

　ただし、プラス要因として、①政府が大規模な景気対策を実
施している、②資源価格下落は資源輸入大国である日本にとっ
ての恩恵が大きい、③最大の輸出相手国である中国の景気が急
回復しつつある、ことがあげられる。このため、2021年以降
は、景気は回復するとみられる。

世界の株式市場はＶ字型に回復

　コロナ危機後、世界的に株価は急落した。米国株の下落率

33.9％は歴代の株価下落中5位であるが、下落期間はわずか33日であり、そのピッチは歴代で最も急激である（2020年5月末時点）。たとえば、史上最大の株価下落率となったリーマン危機時には、米国株は1年5カ月で56.8％下落した。ITバブル崩壊時には2年6カ月で49.1％下落した。

しかし、急落後、世界の株式相場は、米国を中心にV字型回復の途上にある。その理由は、以下のとおりである。

第一に、株価はファンダメンタルズを1年程度先見して動く。中国などで、新型コロナの感染拡大は制御可能であることが証明された。ワクチンや治療薬の開発も進むとみられる。さらに、コロナ危機に対応して、世界的に大型景気対策が迅速に発動されており、各国の景気指標は順調に回復している。

第二に、世界的な金利低下である。米国ですらゼロ金利となり、先進国では、政府主導で企業や家計部門に大量の資金が供給されている。理論的には、他の要因を一定とすると、金利低下は株価を上昇させる。

第三に、コロナ危機は、世界経済のデジタル化を促進し、企業の長期的な利益成長を高める。しばしば、「株式市場は経済の鏡」といわれるが、これは間違いである。株式市場は、企業が発行する株式の集合体であって、マクロ経済ではなく企業の利益成長を反映する。つまり、株式市場は長期的な企業成長の鏡である。

理論的には、株価は将来の1株当り利益を現在価値に割り引いた価値の合計である。コロナ危機による業績に対する影響が1〜2年にとどまると仮定すると、株価の本源的な価値は大き

な変化はないはずである。あるいは、コロナ危機が長期化すれ
ば、ITやヘルスケアを中心に、むしろ株価の本源的な価値は
高まるはずである。

　悲観論者は、1918年に発生したスペイン風邪が3年連続ぶり
返したことをあげて、新型コロナも繰り返すと予想する。しか
し、100年前よりも世界の医学ははるかに発達している。治療
薬とワクチンの開発が成功すれば、新型コロナも早期収束は可
能である。

急速に変化する世界の産業構造

　株式市場には、長期の上昇波動がある。そして、それぞれの
上昇相場は、それを牽引する大きなテーマがある。その理由
は、①景気拡大サイクルが5〜10年前後続く、②10年程度のサ
イクルで、大きな技術革新や、大きな社会構造の変化がある、
ことである。

　世界最大の経済と株式市場をもつ米国では、以下のような上
昇波動があった。

1990年代：IT革命

　1987年安値〜2000年高値（12年3カ月）、米国株（S&P500）
は6.8倍になった。1990年代には、ITブームが起きて、2000年
にはITバブルが発生した。

2000年代：新興国ブーム

　ITバブル崩壊後、2002年安値〜2007年高値（5年）、米国株
は2.0倍になった。BRICs（現BRICS）などの新興国バブルが発
生し、エネルギー価格が大きく上昇した。また、この時期に、

米国住宅バブルが発生した。

2010年代：GAFA

　リーマン危機後、2009年安値〜2020年高値（10年11ヵ月）、米国株は5.0倍になった。スマートフォンが急成長し、GAFA（アルファベット（グーグル）、アップル、フェイスブック、アマゾン）が相場の上昇を牽引した。

　やがて、人類は新型コロナ禍を乗り越え、2020年代に一段と進化した社会をつくりだすことであろう。結果として、デジタル、環境技術、ヘルスケアといった投資テーマが牽引して、2020年代の長期上昇相場は歴史的にも大型のものになる可能性がある。

　コロナ危機後、われわれの経済、社会活動はデジタル化が急速に進んでいる。世界の株式相場上昇を牽引しているのは、マイクロソフト、アップル、アマゾン、アルファベット、フェイスブックなど米国のデジタル企業である。これら5社でS&P500の時価総額の21％を占める（2020年5月末時点）。その他、自動運転の電気自動車メーカーのテスラ、動画配信サービスのネットフリックス、画像処理半導体メーカーのエヌビディアなどの株価も急伸した。

　新型コロナ危機は、日本の産業構造も大きく変化させつつある。5年前には、メガバンクや日本たばこ産業（JT）、日本郵政、ゆうちょ銀行などが株式市場の時価総額上位を占めていた。しかし、現在では、これらの時価総額は大きく減少し、いまでは、キーエンス、ソニー、任天堂などのサイバー企業や、第5世代移動体通信（5G）を推進する通信企業（NTTドコモ、

KDDI、ソフトバンク）が時価総額上位を占める。

新型コロナを乗り越えて生まれる技術革新

人類はその歴史のなかで多くの感染症と戦い、それらを乗り越える過程で進歩した。同様に、新型コロナを乗り越える過程で、われわれの経済・社会はさらに進化することが期待される。とりわけ、新型コロナは、以下の3分野の発展を大きく加速させると思われる。

1．デジタルトランスフォーメーション（DX）

新型コロナで、自宅勤務（テレワーク）が常態化するなかで、Eコマース、オンライン会議、ゲーム、ビデオ・オン・デマンド、キャッシュレス（フィンテック）などのニーズが高まった。営業、採用、人事、社内文書管理など業務のオンライン化が進み、その結果、ネットワークインフラ増強やセキュリティ強化の投資が進んだ。今後、5G、AIなどの登場によって、これらが高度化することであろう。

2．環境技術

新型コロナなど重大な感染症の多くは動物由来であり、地球環境と深く関連する。人間と自然が共存し、これ以上の環境破壊を食い止めるためにも、デジタル化は有効な手段である。二酸化炭素の排出を減らすには、石油や石炭の発電を減らすことと、ガソリン車を電気自動車に転換することが有効である。DXは、環境技術を新しい次元にシフトさせる。その代表例が、スマートシティ（スーパーシティ）と完全自動運転EV（電気自動車）である。

3．ヘルスケア

　新型コロナはウイルスが変異する可能性が高く、感染は長期化しよう。このため、治療薬と世界的なワクチン開発の重要性は高まる。医学と薬学の進歩と発展が求められ、それらに対して、国家による大規模な支援が実施されよう。

小括：日本は新型コロナを乗り越えて発展する

　新型コロナは、日本が感染症に対する強みを発揮する機会を生んだ一方で、数多くの問題を浮き上がらせた。2020年4〜5月には、緊急事態宣言が発せられ、経済・社会が大きくまひした。

　首都圏は人口が4,000万人を超え、その規模は世界最大である。政治経済機能が集中する大都市は、地震や洪水など自然災害のリスクに加えて、感染症に弱いというリスクをあらわにした。さらに、デジタル化が大きく遅れていることが再確認された。

　緊急事態宣言発令時に、政府は従業員の7割を自宅で勤務させることを企業に要請した。偶然にも、2020年夏に、東京オリンピック・パラリンピックが開催予定であったため、大手企業はテレワークの準備をしていたこともあり、大きな混乱はなかった。

　しかし、印鑑など多くの商慣行がデジタル化の阻害要因になり、マイナンバー（個人番号）が機能しないなど行政上の問題も起きた。教育においても、情報通信機器の整備の遅れも明らかになった。

東京の中心部にオフィスが集中するため、各社の不動産コストが上昇し、通勤ラッシュも起こる。出社率7割減は極端にしても、5割程度の従業員が交代で出社すれば、いわゆる3密を避けつつパフォーマンスを落とさずに業務続行できる企業も多いのではなかろうか。

　デジタル技術や通信性能が向上すれば、会議やビジネス出張のほとんどはビデオ会議で代替できるだろう。テレワークの推進により東京から地方にオフィス（自宅を含む）を移せば、地方創生に貢献する。出生率は、東京より地方のほうが高いので、地方への人口の移動により、日本全体の出生率向上が期待される。

　新型コロナ危機は、長期化する可能性が高い。これを機会に、企業のみならず、行政、医療、教育など社会システム全体を見直し、2020年代に世界に通用する基盤をつくりあげることが期待される。

第 **2** 章

高まる反グローバリズムと
地政学リスク

世界が反グローバリズムに向かう歴史的背景

国際協調主義vs.単独主義

2010年代以降、世界は反グローバリズムに向かいつつある。米国第一主義を掲げるドナルド・トランプ大統領の登場、英国の欧州連合（EU）離脱、首相を16年間務めるドイツのアンジェラ・メルケルの退任表明（2021年予定）、フランスの混乱などは、決して偶然ではなく、歴史の必然である。

グローバリズム（グローバル化）とは、国境を超えた資本や労働の移動、貿易取引、海外投資の拡大により、世界各国間の経済の結びつきが強くなることを意味する[1]。第二次世界大戦後の国際秩序として、国際連合、世界貿易機関（WTO）、国際通貨基金（IMF）、EU、北大西洋条約機構（NATO）など、多国間の枠組みがつくられ、国際協調主義を体現してきた。

一方で、グローバリズムに逆行する主張や運動は反グローバリズムと呼ばれ、欧米の主要先進国を中心に、自国優先、保護主義的、排外主義的な傾向が起こっている[2]。自国優先主義の代表格は、トランプ大統領が掲げる「アメリカ・ファースト」

1　内閣府「世界経済の潮流　2017年Ⅰ〈2017年上半期　世界経済報告〉—グローバル化と経済成長・雇用—」（平成29年7月）3頁。
2　中島厚志「第1章　反グローバリズムについて—世界経済からの視点—」（日本国際問題研究所「反グローバリズム再考：国際経済秩序を揺るがす危機要因の研究「世界経済研究会」報告書」平成31年3月）17〜45頁。

（米国第一主義）である。米国は地球温暖化対策のパリ協定やイラン核合意から離脱するなど、単独主義的行動が目立つようになっている。

　国家は自らの目的を達成する外交手法として、単独（行動）主義、協調主義、二国間主義、多国間主義を選択する。協調主義とは、相手国と友好的な協力関係を追求する外交姿勢である。

　二国間主義と多国間主義は、対抗概念により国家の数的次元からみた外交姿勢である[3]。前者が二国間、後者が3カ国以上の国家間で外交問題の解決が図られる。

　多国間主義は国際協調主義とも呼ばれることもある。米国の国際政治学者ジョン・ラギーは、多国間主義を「行動の一般化された原則に基づき、3カ国またはそれ以上の国家間の関係を調整する制度的な形態」と定義する[4]。ただし、多国間主義＝国際協調主義とは限らない。たとえば日中韓首脳会談がそうであるように、多国間の外交であったとしても、協調的ではない場合もある。

　単独主義とは、政治指導者が定義した国益を、単独で（一方的に）追求しようとする外交姿勢を指す[5]。一般的に、超大国

3　岩田将幸「今日の多国間主義における諸問題—「効果的な多国間主義」の概念を鍵に」（「京都女子大学現代社会研究」11巻、2008年12月）115〜131頁。

4　John Gerard Ruggie, "Multilateralism: the Anatomy of an Institution", International Organization Vol. 46, No.3, 1992 Summer, pp. 567-598.

5　滝田賢治「多国間主義の再定義とアメリカ外交—協調主義と単独主義の相克—」（「国際政治」2003巻133号）11〜27頁。

ほど、単独主義や相手を圧倒できる二国間外交で自国利益を追求する可能性が高い[6]。米国の孤立主義は、単独主義の極端な一形態ともいえる（第3章参照）。

世界的なナショナリズムの台頭

世界唯一の大国である米国は、単独主義、あるいは自国優先主義の傾向を強めつつあり、必然的に世界もこの影響を受ける。

トランプ大統領が掲げる「米国第一主義」を選んだのは米国民である。2016年大統領選挙の選挙人数において、共和党トランプ候補は306人を獲得し、民主党候補ヒラリー・クリントン（232人）に圧勝した。つまり、反グローバリズムは米国民の意思でもある。

トランプ大統領は、自らをナショナリストであると公言し、グローバリストのことを「自分の国を大事に思わず、世界のことばかり気に掛ける人」と揶揄した[7]。トランプ大統領支持者のなかには、「ポピュリスト・ナショナリズム」と呼ばれる思想をもつ層がいる[8]。その主張として、以下のような特徴があげられる。

1．経済的な下位中間層の苦境の背景にグローバル化がある。

6　中満泉「多国間主義の現在と未来、日本への期待」（「国際問題」No. 678、2019年1・2月）1～5頁。

7　Peter Baker, "'Use That Word!': Trump Embraces the 'Nationalist' Label", The NY Times, October 23, 2018.

8　会田弘継「第1章　続・トランプ政権の外交思想を考える─2年目の「アメリカ第一主義」」（日本国際問題研究所「トランプ政権の対外政策と日米関係」平成31年3月）7～14頁。

２．グローバリズムに対し国家主権の回復を強調する。

３．中国など国家資本主義に対する強い嫌悪と文明衝突の歴史
　観をもつ。

４．現代米国が破局寸前であるという終末論的認識をもつ。

　こうした思想は、移民や外国製品の輸入によって雇用を脅か
される地方の白人労働者層（キリスト教福音派）から絶大なる
支持を得ている。そして、これらがトランプ大統領の主要な支
持基盤である。

　英国（グレートブリテン及び北アイルランド連合王国）は、イ
ングランド、ウェールズ、スコットランド、北アイルランドの
４つの地方政府（ネイション）から構成される連合国家（ステー
ト）である。英国のEU離脱の背景として、イングランド・ナ
ショナリズムの台頭が指摘される[9]。

　英国民の85％が居住するイングランドのアイデンティティが
強い住民ほど離脱に賛成する傾向がみられた。同じ英国民で
あっても、スコットランドや北アイルランドでは、EU残留支
持が多かった。その背景の一つとして、移民、イングランドに
多い外国人労働者の流入に不満をもつ層の存在があげられる。

　そして、ドイツ、フランスなど大陸欧州諸国においても、ナ
ショナリズムが台頭し、EU支持勢力を脅かしている。こうし
て、EUはさらに遠心力が働くおそれがある。

　中東では、サウジアラビアとイラン、そして、イスラエルと

9　力久昌幸「EU離脱とイングランド：イングランドにおけるナショナ
　リズムの台頭は何をもたらすのか」（「同志社法学」71巻5号、2019年）
　1543〜1596頁。

パレスチナの対立が先鋭化している。一方で、中国の習近平政権、ロシアのプーチン政権は長期化しており、世界における発言力を着々と強めている。これらの動きは、今後、加速するとみられる。

ナショナリズムとは何か

ナショナリズムは、民族主義、国民主義、国家主義などと訳されるが、国・地域、時代、研究者により、多義的な意味合いをもつ。その出発点は、欧州における近代国民国家にさかのぼることができる。

国民国家は国民を主権とする国家であり、王朝国家と対比される概念である。国民は特定の国家に法的に帰属している人々の集合体であり、国家は一定の領域を統治する諸機関の複合体である[10]。18世紀のフランス革命を契機に国民国家の概念が生まれ、共通言語の形成、学校教育、徴兵制などを通じて、各国の国民意識が形成された。

英国で活躍した社会文化人類学者アーネスト・ゲルナーは、ナショナリズムを「政治的な単位とナショナル（民族に近い概念）全体の単位の一致を主張する政治的原理」であると定義した[11]。英国の社会学者アントニー・D・スミスは、「（潜在的な）ネイションを構成していると思っている成員が存在する集団に

10　佐藤成基「国民国家とは何か」（「茨城大学政経学会雑誌」第74巻、2004年）27〜43頁。

11　Ernest Gellner, "Nations and Nationalism", Oxford: Blackwell Publishing, 2006, p. 1.

おいて、その自治と統一とアイデンティティを確立し維持することをめざすイデオロギー運動」と定義する[12]。

　ナショナリズムの言葉のもととなるネイションの意味合いは、国により異なる[13]。ネイション国家（ステート）は、ネイションと国家を結びつけた概念である。

　ドイツのネイションは、民族的色彩が強い。数百の領邦国家を統一する過程で、国民意識を形成するため、「ドイツ語を話すドイツ人」という人種・言語ナショナリズムを採用した[14]。よって、「民族＝国家」の色彩が強い。

　前述のように、英国は四つのネイションから構成され、スコットランドの分離独立問題などを抱える。つまり、ネイションに民族的要素も含まれている。

　一方で、多民族国家では、「民族＝国家」ではない。米国では、ネイションは複数の民族を抱える国の国民という概念としてとらえられる。フランスでは国籍の意味で用いられることが多い。たとえば、フランスのアルザス地方は教育によりフランス語話者が増えてはいるが、元来ドイツ語圏であり、フランスのサッカー代表選手のほとんどは非白人である。

　スイスには、ドイツ系、フランス系、イタリア系、ロマンシュ語話者など4系統が存在するが、長い歴史のなかで、スイ

12　アントニー・D・スミス著『ナショナリズムとは何か』（筑摩書房、2018年）28頁。
13　塩川伸明著『民族とネイション─ナショナリズムという難問』（岩波書店、2008年）14～16頁。
14　谷川稔著『国民国家とナショナリズム』（山川出版社、1999年）49～50頁。

ス国民は強固な国家意識をもつ。オランダ系、フランス系民族、アフリカ系移民を抱えるベルギーも同様である。

実際には、「民族＝国家」の例は少ない。このため、国家の境界線内のネイションの人民すべてが圧倒的な一体感をもつという国はほとんどない[15]。

第一次世界大戦後、米国のウィルソン大統領が民族自決権を提唱した。民族単位で国家を形成するのは、自然であるように思える。しかし、境界線内に複数の民族を抱える国家は多く存在し、ある民族が複数の境界線にわたって存在している場合も少なくない。

米国の国際政治学者ジョセフ・ナイは、「民族自決権を最も重要な道徳的原則として扱うと、多くの地域で悲惨な結果を招くことになる」と述べる[16]。たとえば、民族自決を訴えるヒトラーは、ドイツ民族保護を名目にズデーテン地方（当時チェコスロバキア）を求め、これが、第二次世界大戦の引き金の一つとなった。

主権国家概念の成立

主権国家の概念は、ルネサンス、大航海時代、宗教改革の影響を受けて、近代欧州で生まれた。15世紀以降、ルネサンス期のイタリアでは、中小国家が拮抗していた。フィレンツェの外

15　浅川公紀「ナショナリズムの勃興」（「武蔵野大学政治経済研究所年報」8号、2014年）17～33頁。
16　Joseph S. Nye, "The Dark Side of Self-Determination", Daily News Egypt, January 11, 2009.

交使節として活躍したのは『君主論』で有名なニコロ・マキャベリである[17]。第一次イタリア戦争（1494〜1495年）以降、その外交戦術が駆使され、主権国家形成のきっかけとなったといわれる。

三十年戦争（1618〜1648年）は、宗教対立によって端を発し、欧州のほとんどの国を巻き込んだ多国間戦争であった。1648年に、世界初の近代的国際条約であるといわれるウェストファリア条約が締結され、国境線の画定など主権国家の概念が成立した。主権をもった国家が世界秩序の単位とみなされ、外交関係の枠組みが生まれた。

国際政治学者であり、米国の国務長官を務めたヘンリー・キッシンジャーは、現在の世界秩序の基礎として一般的に認められているのは、ウェストファリア条約で構築された秩序のみであるという[18]。主権国家の概念が確立して以降、英国やフランスなどは絶対王政による中央集権国家を形成していった。

細谷雄一慶應義塾大学教授は、国際秩序を、①勢力均衡、②協調、③共同体（国際連合、欧州連合など）の三つの体系に分ける[19]。19世紀の欧州は、英国、フランス、オーストリア、ドイツ（プロイセン）、ロシアの5大帝国による勢力均衡、あるいは協調によって維持された。20世紀以降は、2度の大戦の反省か

17　高澤紀恵著『主権国家体制の成立』（山川出版社、1997年）60頁。
18　加藤朗「書評論文「世界秩序の認識について」 国際学研究科」（「国際学研究」第7号、2016年度）49〜62頁。ヘンリー・キッシンジャー著『国際秩序』（日本経済新聞社、2016年）13〜15頁。
19　細谷雄一「第1章　国際秩序の展望―「共通の利益と価値」は可能か―」（日本国際問題研究所「将来の国際情勢と日本の外交―20年程度未来のシナリオ・プランニング」平成23年3月）。

ら、国際秩序は共同体を重視するようになった。現在では、米国とその同盟国（日本など）、ロシア、中国、そしてEUによる勢力均衡と協調が保たれている。

　現在、国家は、①永続的住民（国籍保有者）、②一定の領土、③政府、④他国との関係を取り結ぶ能力、の要件を備える必要がある（1933年国家の権利及び義務に関する条約1条）。複数の国家の合併、国家からの独立など、新国家が成立するためには、他国が承認する必要がある。

地政学の基礎理論

　地政学とは、地理的要因が、国際的な政治、外交政策、安全保障や経済に与える影響を研究するものである。国家関係において、地理的な要因は、大きく影響する。二つの国が地理的に近いと、仲が悪い例が多い。

　たとえば、日本は地理的に近い中国や韓国との外交関係が良好でない面がある。中国や韓国が地球の裏側にあれば、日韓併合も、日中戦争もなかったことだろう。

図表2－1　日本における好きな国、嫌いな国上位5カ国（2019年）

	好き	比率（％）	嫌い	比率（％）
1	米国	69	北朝鮮	82
2	フランス	69	中国	71
3	英国	69	韓国	66
4	オーストラリア	68	ロシア	53
5	イタリア	67	インド	15

出所：日本経済新聞「数字で見るリアル世論　郵送調査2019」（2020年1月10日公開）

一方で、歴史的に、日本は地球の裏側にあるアルゼンチンや
ブラジルと友好的な関係にある。世論調査によると、日本人が
好きな国は遠方の国が多く、嫌いな国の上位4カ国はいずれも
隣国である。

　米国海軍少将であったアルフレッド・セイヤー・マハン
（1840〜1914年）は、海洋が安全保障上、そして経済上、重要な
意味があり、世界大国になるためには、海洋を掌握することが
絶対不可欠な条件であると考えた（シー・パワー理論）。また、
マハンは、欧州、アフリカ、アジアの結節点である中東の重要
性を指摘した。

　安全保障、軍事力に焦点を当てた地政学を地政戦略学（Geo-
Strategy）と呼ぶ[20]。代表的なものは、以下のとおりである。

1．マッキンダーのハートランド理論

　英国の地理学者であるハルフォード・マッキンダー（1861〜
1947年）は、ハートランド理論を提唱した。その骨子は「東欧
を制する者は、「ハートランド」（ユーラシア大陸の中心部）を
制する。「ハートランド」を支配する者は世界島（ユーラシア大
陸とアフリカ大陸）を制する。世界島を支配する者は世界を制
する。よって、東欧を制する者は、世界を制する」である[21]。

　そして、マッキンダーは、「ハートランド」と西欧が接する
東欧の重要性を理論的に立証し、シー・パワー（英国、米国な

20　庄司潤一郎「地政学とは何か―地政学再考―」（防衛省防衛研究所ブ
　リーフィング・メモ（2004年3月））。
21　曽村保信著『地政学入門―外交戦略の政治学』（中央公論社、1984
　年）32頁。

ど）とランド・パワー（ドイツ、ロシアなど）が歴史的に対立してきた構造を示した。マッキンダーは、「ハートランド」の周辺地域（極東、中国、東南アジア、インド、中東、地中海、中東欧、北欧）を「内側の三日月地帯」と称した。日本や英国は、「外側の三日月地帯」と称される。

はたして、マッキンダーの予言は的中した。第一次世界大戦は、1914年に東欧のボスニア=ヘルツェゴビナ（当時はオーストリア=ハンガリー帝国領）の中心都市サラエボでオーストリア皇太子が暗殺されたことから始まった。第二次世界大戦は、1939年に、ドイツとソ連のポーランド侵攻によって始まった。1941年に、ドイツはカスピ海沿岸の油田をはじめ資源が豊富な「ハートランド」まで進出するためにソ連侵攻に踏み切った。

冷戦は、ヨーロッパにおいては、「鉄のカーテン」（バルト海とアドリア海を結ぶ、西欧と東欧の境界線）やベルリンの壁を最前線として、西側諸国と東側諸国が対立したものである。冷戦時代はハンガリー動乱やチェコの春、その後ベルリンの壁崩壊を機とするポスト冷戦の時代にも、旧ユーゴの内乱など、東欧では大きな動乱が起きている。現在のシリアからの難民問題、ウクライナ内戦、ロシアによるクリミア併合なども、東欧が舞台となっている。

2．スパイクマンのリムランド理論

米国イェール大学の国際関係論の教授であったニコラス・スパイクマン（1893〜1943年）はリムランド理論を提唱した。スパイクマンは、「ハートランド」の周辺地域を「リムランド」と名づけた。

ランド・パワーとシー・パワーの中間にある「リムランド」（マッキンダーのいう「内側の三日月地帯」）は、①温暖であって、農業生産に適している、②人口が多い、③多様な民族国家が存在する、という特徴がある。「ハートランド」は広大で、ユーラシア大陸の中心部に位置するが、寒冷で人口が少ない。よって、「リムランド」の重要性が高いと考える。

「ハートランド」と「リムランド」の接する地域（東欧や中東）は、多くの民族、言語、文化、宗教などが交わるため、紛争が起きやすい。イラン、シリア、北朝鮮、ウクライナなど現在の紛争地域はいずれも両者が接する地域にある。こうした地域が今後の世界の地政学リスクに対して、大きな影響を与え続けることであろう。

2 歴史的な潮流の三つの視点

世界は反グローバリズムに回帰しつつある

歴史的に、世界には大きな潮流がある。その潮流を分析するうえでの第一の視点は、世界が反グローバリズムに回帰しつつあることである。

近代以降、欧州列強は政体のいかんにかかわらず帝国主義であった。欧州の主要国は国王を中心とする絶対王政を採用し、巨大な官僚組織や常備軍をもっていた。必然的に、王朝自身の利益を拡大するために、隣国を侵略し、海外に植民地を形成し

た。戦前に、天皇制の日本において、陸軍が暴走し、満州事変などを起こしたのも同様である。

15世紀以降、欧州列強は世界中に植民地を広げ、19世紀以降、欧米列強と日本はアジアやアフリカの多くの国に領土を広げた。そして、1930年代の大恐慌時には、それまでの植民地を自国通貨圏に囲い込むために、各国がブロック経済化を進めた。

一方、建国以来、米国は孤立主義であった。米国は、18世紀に欧州の旧秩序に反発して誕生した世界初の近代的な共和国である。地理的に欧州から距離があり、かつ資源、食糧などにも恵まれた。その結果、その外交の基本方針は、モンロー主義といわれる孤立主義であった（1823年モンロー宣言）。

第二次世界大戦を転換点として、戦後から2000年代にかけて、世界は国際協調主義が主流となった。第二次世界大戦当初、米国は「これは欧州の戦争である」として静観していた。しかし、1941年の日本による真珠湾攻撃を契機に、米国は参戦した。

米国の孤立主義は、米大陸が地理的に旧世界（特に、欧州）から離れていたために、可能であった。ところが、20世紀に入って、アジア諸国が成長し、日本がドイツ、イタリアと軍事同盟（日独伊三国同盟）を締結した。そして、航空機、航空母艦などの開発によって、日本が遠く離れたハワイを攻撃することが可能となった。このようなグローバリズムと軍事技術の発達の進展によって、もはや、米国は孤立主義を維持できなくなったのである。

図表 2 - 2 　東西対立の歴史

年	出来事
1948年	ベルリン封鎖
1949年	西ドイツ、東ドイツ成立　NATO結成
1955年	ワルシャワ条約機構結成
1961年	ベルリンの壁構築
1989年	ベルリンの壁崩壊　冷戦終結（マルタ会談）
1990年	ドイツ統一
1991年	ソ連解体

出所：外務省

　戦後、米国の外交戦略は孤立主義から国際協調主義に大転換し、「世界の警察官」として国際協調主義のリーダーとなった。第一次世界大戦後に国際連盟加盟を拒んだ米国であったが、第二次世界大戦後は一転、国際連合、IMF、世界銀行など国際機関の本拠地を自国に招致した。経済的にも、IMFやGATT（関税及び貿易に関する一般協定、現世界貿易機関）を中心とするブレトンウッズ体制によって国際協調が進んだ。

　米国の国際協調主義が広まった理由の一つが、米ソ冷戦であったと考えられる。ベルリン危機（1961年）、キューバ危機（1962年）など核戦争の危機にさらされ、東西陣営はそれぞれ国際協調を迫られた。

　一方、西欧諸国はドイツとフランスを軸に国家連合体を形成し、これが現在のEUに発展した。2004年以降、東欧諸国も参加し、現在では大陸ヨーロッパのほとんどの国が参加している。

　さらに国際協調を促進したのが、度重なる中東の危機である。

1973年の第四次中東戦争を契機に第一次石油危機、そして、1979年のイラン革命をきっかけに第二次石油危機が発生した。世界的な経済危機に対応するため、世界の主要国は協調することを求められた。1975年に、先進国首脳会議（G7サミット）が発足したのは、石油危機後の世界経済の混乱に対応するためであった。

軍事的にも国際協力が進んだ。ブッシュ（父）政権（共和党）は、湾岸戦争（1991年）に多国籍軍として参戦した。ブッシュ（子）政権（共和党）は、アフガニスタン戦争（2001年）、イラク戦争（2003年）を開始した。イラク戦争では、英国などの同盟国も参加した。

ただし、この頃から、米国の外交安全保障政策は単独主義の色彩が徐々に強まってきた。ブッシュ（子）政権は、国際協調よりも、国益を重視した単独主義の行動が目立った[22]。地球温暖化問題でも、京都議定書から離脱したが、これは、トランプ政権のパリ協定離脱と同様である。

国際協調主義転換の要因

2010年代に入って、反グローバリズムが台頭し、再度、世界は自国優先主義が主流になろうとしている。以下の理由により、世界的な国際協調主義の流れが転換し、反グローバリズムが台頭している。

22　佐々木卓也編『戦後アメリカ外交史新版』（有斐閣、2009年）259頁。

1．1990年代の冷戦終結

1989年に冷戦が終結し、1991年にソ連は崩壊した。ワルシャワ条約機構は解体され、米ソ対決の危機は去った。世界的な規模の核戦争の脅威はほぼ消えたため、国際協調の重要性が低下した。

ソ連が核ミサイルを撃ち込んでくるかもしれない状況であれば、英国がEUからの離脱を決定することはなかったであろう。しかし、現在、ロシアが英国に向けてミサイルを発射する可能性はゼロに近いと思われるので、安心して英国は離脱できたのである。

2．2010年代の中東の重要性の低下

中東の重要性の低下を生んだ理由の一つは、2010年代の米国のシェール革命である。米国は世界最大の産油国に返り咲いたため、中東の重要性は大きく低下した。もう一つの理由は、中東の軍事リスクの低下である。大規模戦争のきっかけをつくったイラクのフセイン、アルカイダのビンラディンはすでにこの世にいない。

米国においては、社会的な圧力も大きい。アフガン戦争、イラク戦争による米軍死傷者数が合計5万2,142人（うち死者6,785人）を超え（2020年3月2日時点、出所：米国国防省）、米国社会として許容できない事態になった。重要性の薄れた中東のために、米国の若者の血を流すことは正当化されにくくなった。

2013年に、オバマ大統領は「米国はもはや世界の警察官ではない」と宣言し、中東における軍事力の本格的な縮小を始めた。そして、トランプ大統領も在外米軍縮小を公約している。

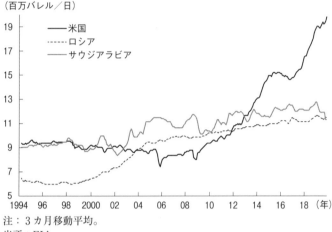

図表 2 − 3　米国、ロシア、サウジアラビアのオイル生産量の推移

（百万バレル／日）

注：3 カ月移動平均。
出所：EIA

つまり、米国の孤立主義への回帰は、オバマ政権時代に始まったものであり、それをトランプ政権が加速させているといえよう。

3．貧富の格差拡大

　1990年代以降本格化した。経済のグローバリズムは、持てる者と持たざる者を生み出し、社会を分断化した。1990年以降、情報通信（IT）革命や中国を中心とする新興国の成長などにより、世界の株式市場は大きく上昇している。その結果、世界の人口の上位 1 ％が全家計資産の45％を保有している（上位10％が82％)[23]。

　特に、株価上昇の大きかった米国において、貧富の差が極端

23　Credit Suisse, "Global Wealth Report 2019" October 2019, p. 13.

図表 2 − 4　世界の時価総額上位10社（2019年末）

	社名	国	業種	時価総額（兆円）	過去 5 年株価騰落率（%）
1	アップル	米国	IT	143.5	166.0
2	**マイクロソフト**	**米国**	**IT**	**132.3**	**239.5**
3	**アルファベット**	**米国**	**通信サービス**	**101.5**	**152.4**
4	**アマゾン・ドット・コム**	**米国**	**一般消費財・サービス**	**100.8**	**495.4**
5	**フェイスブック**	**米国**	**通信サービス**	**64.4**	**163.1**
6	**アリババ・グループ・ホールディング**	**中国**	**一般消費財・サービス**	**62.6**	**104.1**
7	**バークシャー・ハサウェイ**	**米国**	**金融**	**60.9**	**50.3**
8	**テンセント・ホールディングス**	**中国**	**通信サービス**	**50.7**	**233.9**
9	JP モルガン・チェース	米国	金融	48.1	122.8
10	ジョンソン・エンド・ジョンソン	米国	ヘルスケア	42.2	39.5

注 1 ： 1 ドル110円で換算。 5 年前未上場企業除く。
注 2 ：オーナー系企業は太字。
出所：ブルームバーグ

に拡大した。OECD（経済開発協力機構）の家計純資産分布データによると、上位 1 ％の占有率は、米国が42.5％と高く、欧州主要国の20％前後を大きく上回る。日本は10.8％と主要国では最低水準である（2016年もしくは直近データ取得可能年）。米国の家計純資産上位 1 ％保有者の占有率は、1989年の29.6％から2016年の38.7％に上昇した。

2010年代は、アマゾン・ドット・コム（以下、アマゾン）などオーナー系IT企業の株価が大きく上昇したのが特徴的である。家計純資産上位１％については、特に、リーマン危機後の株価上昇が寄与している[24]。

　一方で、グローバリズムによって移民が増加し、移民は先進国において低賃金労働者となっている。低所得者層は移民に職を奪われ、失業率が上昇する。こうした要因により、資産保有者と低所得者との貧富の格差は拡大した。貧富の格差拡大は、低賃金の移民や難民の受入れに寛容な政治家に対して、大きな政治的圧力を生んでいる。

　歴史人口学者エマニュエル・トッドは、このような現象を「グローバル化疲れ」と呼ぶ[25]。移民が増加し、労働者階級がグローバリゼーションに苦しめられた結果、ネイションへの回帰が起こっていると分析する。

立場を変えれば世界は異なってみえる

　第二の視点は、立場を変えれば世界は異なってみえることである。歴史のなかにおいて、一方は覚えていても、もう一方は覚えていないことがある。その結果、国家間の対立が先鋭化することがある。

　欧米や日本では、ロシア、中国、北朝鮮、イランに対して

24　Moritz Kuhn, Moritz Schularick & Ulrike I. Steins, "Income and Wealth Inequality in America, 1949-2016", Institute Working Paper No. 9, Opportunity and Inclusive Growth Institute, June 14, 2018.
25　エマニュエル・トッド著『問題は英国ではない、EUなのだ　21世紀の新・国家論』（文藝春秋、2016年）。

は、攻撃的かつ世界の安全保障に対して脅威であるようにみている。米国国防省は、米国の安全保障に対して脅威を与える国として、ロシア、中国、北朝鮮を名指ししている[26]。日本も2018年の防衛白書において、ロシア、中国、北朝鮮の潜在的な脅威について言及している[27]。

　しかし、これら4カ国は、外国によって侵略され、また、国土が戦場になった歴史をもつ。事実として、歴史的に欧米や日本はこれらの国を攻略したり支配したりしてきた。こうした国からみれば、欧米や日本は大変攻撃的であるとみえるかもしれない。

　一方で、隣国と紛争を起こしたことはあるものの、これら4カ国は欧州列強や日本のように遠隔地（アジア、アフリカ、新大陸など）を植民地支配したことはない。近隣に拡張を続けた領土内に資源がそろっているからである。攻撃的にみえるのは、自国を防衛するために、過剰に反応しているとも考えられる（以下は、第3章以降詳述）。

　日本とロシアの二国間関係に絞れば、次のとおりである。「はじめに」で述べたように、日本では反ロシア感情が強い。19世紀末のロシアの南下政策は、満州、朝鮮をめぐって、日本との衝突を生み、日露戦争の原因となった。

　1945年に、ソ連は日ソ中立条約を一方的に破棄し、満州に侵

26　The Assessment and Recommendations of the National Defense Strategy Commission, "Providing for the Common Defense", The United States Institute of Peace, November 13, 2018, p. 33.

27　防衛庁「平成30年版　防衛白書—日本の防衛—」（日経印刷、2018年9月）45頁。

攻した。58万人の日本人をシベリアに抑留し、そのうち6万人が死亡した。満州在留の日本人155万人のうち18万人が死亡し、多くの残留孤児や残留婦人が生まれた（出所：厚生労働省）。さらに、南樺太、千島列島に侵攻し、現在も、ロシアが北方領土を不法占拠している。

これらの事実だけとらえれば、ロシアは日本に対して一方的にひどい仕打ちをしたように思える。しかし、ロシアは日本本土に侵攻したことはない。一方で、日本がロシア領土を占領した歴史があることが忘れられているように思える。

日本軍は、1918年にロシア革命に介入するため、米国の各国への呼びかけに応じてウラジオストクに侵攻した（シベリア出兵）。その後、日本軍はバイカル湖周辺まで攻め込み、広大な地域を占領した。これは、英米仏等の多国籍軍による共同出兵であり、ボリシェビキ政権と戦闘状態にあったチェコスロバキア軍救出を名目とした[28]。1922年のワシントン会議で、米国からの圧力があり、日本は撤兵した（北樺太撤退は1925年）。

中国、北朝鮮、イランは多くの国に侵略された

中国は、日本と尖閣諸島の問題を抱え、しばしば日本の領海を侵犯する。欧米の警告を無視するように、北朝鮮、イランは世界を挑発するかの核開発を進めている。

中国は、漢の建国以降、モンゴル系もしくはトルコ系（隋、

28　植松孝司「ブリーフィング・メモ　シベリア出兵時の現地住民に対する食糧・医療支援」（防衛省防衛研究所「防衛研究所ニュース」2014年4月号（通算186号））。

唐)、モンゴル系（元）、満州系（清）などの北方騎馬民族の支配を受けた。19世紀以降は、英国、フランス、ドイツ、日本の干渉を受けた。つまり、過去2,100年間に、約700年間は異民族の支配を受けたことになる。

とりわけ、日本は、日清戦争、山東出兵、満州事変、日中戦争と頻繁に中国に侵攻した。日本は、満州事変では満州を支配下に収め、日中戦争時には中国本土を広く占領した。しかし、ロシア同様、中国が日本本土に侵攻したことは一度もない（元はモンゴル）。

朝鮮半島は、モンゴル、満州、日本などに侵略され、さらに米中の代理戦争である朝鮮戦争で国土が焦土と化した歴史をもつ。663年の白村江の戦い、豊臣秀吉の朝鮮出兵、日韓併合など、朝鮮半島は何度か日本に侵攻された経験をもつ。一方、朝鮮半島から日本を侵攻したことは、元寇の際にモンゴルと連合した高麗を除いて一度もない。

イランの起源は、紀元前6世紀に建国されたアケメネス朝ペルシャであった。しかし、その後、マケドニア王国、ウマイヤ朝（アラブ）、セルジューク朝（トルコ）、元（モンゴル）、ティムール帝国（モンゴル）、オスマン帝国（トルコ）による支配を受けた。また、19世紀以降、英国、ロシア、米国などが内政干渉を行った。

北朝鮮は核兵器とそれを運搬するミサイルを保有し、イランも核開発を進めている。核を保有していなかったイラクのフセインやリビアのカダフィは殺害された。一方で、核を保有する北朝鮮の金正恩は、わざわざトランプ大統領が会いに来て和や

かに握手をしてくれる。

このように、歴史は、核をもつことが自国の安全保障に直結することを証明している。北朝鮮やイランが核開発を進めているのは、外国を攻撃するためではなく、自衛のためと解釈できる。

宗教の歴史が重要な意味をもつ

第三の視点は、宗教の歴史が重要な意味をもつことである。日本では無宗教者が多く、その重要性に気づきにくいが、海外では、宗教は生活全体を律する役割をもつことが多い。

日本では、熱心なクリスチャンでも、安心、空、決定、食堂、出世、世間、大衆、長老、馬鹿、変化、利益といった言葉を使っていることであろう。これらは、すべて、仏教用語である（出所：高野山三昧院）。このように、知らず知らずのうちに、生活のなかで宗教に接している。

宗教と政治の距離も国によって異なる。日本では、政教分離が定められている（憲法20条）。米国も、基本的には政教分離だが（合衆国憲法修正第1条）、クリスマスが祝日であり、就任式で大統領が聖書に手を置いて宣誓するなど、宗教と政治は密接である。

中東は、キリスト教、イスラム教、ユダヤ教の発祥の地であり、歴史的に3宗教は複雑に関係してきた。しかも、サウジアラビアやイランなど、政治と宗教が一体の国が多い。たとえば、イランの正式な国名は、イラン・イスラム共和国である。

宗教はさまざまな要素をもつが、その人が信じる戒律や道徳

感を示すものでもある。そのため、日常生活において、習慣や風俗を超えて、法律や規則になることがある。その発想の違いがあまりにも大きいと、それがしばしば宗教間の摩擦の原因になることがある。

たとえば、日本は、夫一人に対して、妻一人を認める一夫一妻制である（民法732条）。これは法律であるものの、道徳観にかかわる規律でもある。一方、イスラム教は、一夫多妻制を認める。一夫多妻制では女性の人権が軽視されるので一夫一妻制が正しい、と考えられがちである。しかし、一夫多妻制を認めるのは、女性軽視どころか、女性重視から生まれた考え方なのである。

7世紀にイスラム教が成立した当初、イスラム教徒は迫害を受け、多くの男性がジハード（聖戦）のなかで、命を落とすことになった。その結果、多くの未亡人や孤児が残され、彼女らは生活に苦しむことになる。そこで、生き残った兵士たちや戦場に行かなかった男たちが、残された未亡人や孤児の生活の面倒をみることが美徳とされた。こうして、未亡人や孤児を救済するため、一夫多妻制の考えが生まれた（クルアーン第4章3節）。

宗教は民族のアイデンティティを示す場合がある。たとえば、日本人とは、どの宗教を信じるかは関係なく、日本国籍をもつものを指す。しかし、ユダヤ人とは国籍に関係なく、ユダヤ教の信者（もしくは、ユダヤ人の母から生まれ、他の宗教の信者ではないもの）を指す。

そして、宗教が異なると戦争にまで発展することがある。その代表例が、ユダヤ国家であるイスラエルとイスラム教のアラ

ブ国家が4度にわたって繰り広げた中東戦争である。

民族が同じでも(あるいは近くても)、宗教の違いを理由に国が分かれている場合がある。その例が、インド(多数派宗教:ヒンズー教)とパキスタン、バングラデシュ(イスラム教)、オランダ(プロテスタント。ただし、現在はカトリックが多数派)とベルギー(カトリック)、そして、英国(プロテスタント)とアイルランド(カトリック)である。

インドとパキスタンは、第二次世界大戦前は英国領インド帝国として同じ国であったが、独立後、分離した。その後、両国間では3度の戦争があった。オランダはカトリックであるスペインの支配下にあったが、80年間にも及ぶ独立戦争を経て、独立を勝ち取った。1960年以降、アイルランド共和軍は南北アイルランド統一を目指し、英国に対して武力闘争を展開した。その結果、3,000人以上が死亡した。

小括:大国の興亡は繰り返す

歴史上、世界の大国は変遷してきた。世界の古代文明は、いまでは新興国とされる中国、パキスタン、イラク、エジプトで発祥した。その後、欧州では、ギリシャ、イタリアの順に覇権が移った。中世のアジアから東欧にかけては、モンゴルやトルコが覇権を握ったこともあった。16世紀には、スペインとポルトガルが世界を二分し、19世紀には英国が世界を制覇した。米国やロシア(ソ連)が大国になったのは20世紀のことである。

大国の興亡が繰り返される理由について、以下のような研究がある。米国の経済学者グレン・ハバードと政治家ティム・ケ

インは、共著のなかで、「大国が滅びるのは、経済的事象の変化に対して、指導者が適応できず、政治的対応が遅れるから」と述べる[29]。つまり、リーダーが時代の変化に対応できないということである。

英国のポール・ケネディは、1987年に記した『大国の興亡』で、帝国の過度な拡大を衰退の原因とする。たとえば、1991年に、米国と並ぶ軍事大国であったソ連が崩壊したのも、ソ連をはじめとする東側諸国の経済的な疲弊が主因だった。

世界初の共産主義国家であったソ連の崩壊は、地政学的に大きな変化をもたらした。1990年代以降、世界の共産主義国のほとんどは、事実上、資本主義国化した。東欧諸国のほとんどがEUに加盟した結果、EUのバランスは圧倒的に大陸優位になった。それに反発した英国はEUを離脱した。

中国は、政治体制は共産党一党独裁を維持しながら、経済体制を自由化した。そのため1990年代以降、中国経済の高成長が続いた。中国の人口は約14億人と米国の約3億人を大きく上回っており、2030年前後には米国を抜いて世界一の経済大国になるとみられる。

こうして、世界の大国の対立の構図は、20世紀後半の米国対ソ連から、21世紀には米国対中国に移りつつある。米中対立は、経済や政治的イデオロギーの対立としてみられがちであるが、宗教上の対立という側面もある。次章以降、米中対立を軸に、各地域の歴史と金融市場の関係を検討する。

29　グレン・ハバード、ティム・ケイン著『なぜ大国は衰退するのか―古代ローマから現代まで』（日本経済新聞出版社、2014年）110～111頁。

第 **3** 章

トランプ大統領の登場は歴史の必然

1 孤立主義が米国の外交・安全保障戦略のDNA

米国第一主義とは何か

　トランプ大統領の出現は、決して米国の突然変異ではなく、米国的価値観とその歴史的な経緯を色濃く反映している。その意味では、トランプ大統領の登場は歴史の必然であるといえる。

　トランプ大統領は、公職の経験をもたない初の米国大統領である。企業家として主に不動産業、カジノ業などを営んできたが、伝統的な大企業の経営の経験はない。ちなみに、歴代大統領は、軍人出身の3人を例外として、すべて政治家出身である。

　トランプ大統領の政策の根幹は、米国第一主義である。これは、主に、①外交・安全保障政策における孤立主義、②通商貿易政策における保護主義で構成される[1]。

　前者は共和党的政策であり、後者は民主党的な政策であることが特徴である。これは、トランプ大統領の中核支持層が、従来の典型的な共和党支持者（伝統的な大企業、高学歴のエリートなど）に加えて、白人の労働者階級を中心とするキリスト教信者（特に福音派）であるからである。

1　久保文明「総論　トランプ政権14か月の軌跡」（日本国際問題研究所平成29年度外務省外交・安全保障調査研究事業「トランプ政権の対外政策と日米関係」（平成30年3月））99頁。

過去の共和党政権は保守系シンクタンクと緊密な関係を維持していたが、トランプ政権はこれらとの関係は薄い[2]。その政策は、自由貿易、市場開放などの伝統的な共和党の政策とは乖離がある。

　その例として、①中東などイスラム圏からの入国制限を行う（新型コロナ感染拡大以前から）、②中国からの輸入に対して高率の関税をかけ自由貿易を阻害する、③緊急事態宣言を発しメキシコとの国境の壁建設を強行する、など排他的にみえる政策がある。これらの政策は、いずれも大統領選の公約であり、特に、キリスト教福音派信者の支持が厚い。

　こうした政策の実行により、共和党支持者によるトランプ政権支持率は90％前後と、過去最高水準に達している（本章第2節）。その一方で、民主党支持層である若年者や無宗教者による支持率は極端に低い。つまり、トランプ政権は、米国社会分断の象徴であるともいえる。

キリスト教的価値観と米国の外交・安全保障戦略

　独立時の経緯から、米国は、伝統的に外交的孤立主義をとる。米国は、君主制を採用し王朝同士が戦う欧州を旧世界とみなす。一方で、米国に代表される新世界は、その理念において旧世界に対して優越するという思想が根底にある。

　著述家のトマス・ペインが1776年に発表した政治パンフレッ

2　宮田智之「第6章　トランプ時代の保守系シンクタンク」（日本国際問題研究所　平成29年度外務省外交・安全保障調査事業「トランプ政権の対外政策と日米関係」（平成30年3月））61頁。

ト「コモンセンス」は、「米国は英国から独立し、共和国を形成せよ」とする内容であった。これはベストセラーとなり、独立機運を高めた[3]。第2章で述べたとおり、欧州の絶対王政は、君主を支える官僚組織と常備軍をもつため、それらを維持する目的で、他国への侵略を繰り返した。共和制は、君主制と異なり、戦争の排除が可能になるという思想である[4]。

1776年の米国独立宣言後、初代大統領ジョージ・ワシントンら建国の父祖は、英国の支配から脱却し、人民が最高権力を有する連邦共和制を実現した。アンドリュー・ジャクソン大統領（在位1829～1837年）の時代に、本格的な民主主義が推進された[5]。白人男性の普通選挙権が実現し、2大政党が成立した。本格的な民主主義成立は、古代ギリシャ以来のことであった。

国民主権の原則を明示した米国独立宣言は、フランス革命の生みの親と評される[6]。旧世界が実質的に共和制（あるいは立憲君主制）に移行したのは、米国よりもかなり遅れてのことである。英国では、19世紀に議会主義的君主制が定着した[7]。共和制移行は、フランスが1870年（第三共和制）、中国が1912年

---

[3]　有賀貞「トマス・ペインとアメリカ革命」（「一橋論叢」第91巻6号、1984年6月1日）769～786頁。
[4]　佐々木卓也「第二章　アメリカ外交の伝統・理念と日米同盟の形成」（日本国際問題研究所「平成22年度外務省国際問題調査研究・提言事業報告書　日米関係の今後の展開と日本の外交」2011年5月9日）17～28頁。
[5]　野村達朗著『大陸国家アメリカの展開』（山川出版社、1996年）5、10～12頁。
[6]　ギヨーム・ド・ベルティエ・ド・ソヴィニー著『フランス史』（講談社、2019年）333頁。
[7]　君塚直隆「立憲君主制の国際比較―象徴天皇制のあり方と今後の日英関係―」（平和政策研究所「政策オピニオン」No.86、2018年5月30日）。

（辛亥革命）、ドイツが1918年（第一次世界大戦終結）、ロシアが1922年（ソ連誕生）である。

米国では、英国で弾圧を受けたピューリタン（清教徒）によって植民地が建設され、英国の強圧的な支配に反抗して国家を成立させた。このため、建国以来、米国の政策はキリスト教的価値観を色濃く反映する傾向がある。

独立当初、米国の人口は390万人にすぎなかったが、その後、国土を西方に拡大していった。西方拡張で1840年代に提唱されたスローガンが、「明白な天命（Manifest destiny）」である。1845年に、ジャーナリストのジョン・オサリバンは「北米大陸内の膨張は自由の拡大という神から与えられた米国の使命の遂行にほかならない」と主張した。つまり、米国の西部開拓は神に与えられた使命であるというものである。

こうした価値観は、米国が世界を照らす「丘の上の町」であるとのピューリタンの思想に由来する。「丘の上の町」は、政治家ジョン・ウィンスロップの言葉であり、新約聖書から引用したものである。ウィンスロップは、欧州を丘の下と位置づけ、欧州から仰ぎ見るような「丘の上の町」（キリスト教の自治共同体としての社会モデル）の構築を目指した。

これは、米国例外主義と呼ばれる。米国は理想主義に根差し、その理念や信念に沿った外部環境をつくりあげようという主張である[8]。しばしば、米国が人権外交など米国的価値観を海外に広めようとするのはこれに由来する（例：中国のウイグ

8 　難波雅紀「アメリカ神話の水脈—ピューリタンからネオコンへ」（「実践女子大学文学部紀要」第51集、2008年）１〜11頁。

ル族弾圧への批判）。

　世論調査では、85％の米国人が「米国は世界で最も偉大な国の一つである」と答えており、特に、共和党支持者にこの傾向が強い [9]。1980年代に、対ソ連強硬策を打ち出したレーガン大統領が演説のなかで、「光り輝く丘の上の町」に言及し、米国の復権（"Make America Great Again"）を訴えた。共和党のトランプ大統領も同様である。

米国の孤立主義の哲学

　1823年に、第5代大統領ジェームズ・モンローが、米国の外交方針を発表した。

　モンロー宣言は、以下の3原則からなる。

1．米国は、欧州主要国間の紛争にいっさいかかわらない（非干渉原則）。

2．欧州主要国が中南米諸国に干渉するのを拒否する（不干渉原則）。

3．中南米諸国の独立を認め、植民地は認めない（非植民地原則）。

　米国伝統の孤立主義は、①米国の面積、人口、資源が大きい、②欧州やアジアなどの旧世界から地理的に隔離されていた、という物理的な要因により可能になったともいえる。米国は国内に広大な未開発地を有していたため、海外の植民地の領有はほとんど行っていない。

9　Pew Research Center, "Most Americans say the U.S. is among the greatest countries in the world", June 30, 2017.

米国は、周期的に、孤立主義的な「内向き」になる時代と、国際主義的な行動に出て、「外向き」になる時代がある[10]。ワシントン、ジェファーソン、モンローの時代は、孤立主義であり、内向き外交であった。

19世紀末〜20世紀初にかけて、米国でも帝国主義が台頭し、中南米、アジア地域に進出を始めた。ハワイ、プエルトリコ、グアム、フィリピンの割譲からのグアンタナモ湾海軍基地永久租借、パナマ運河の領有権取得、獲得などは、いずれもこの時期に起こった。

第一次世界大戦後、国際連盟樹立を提唱したウィルソン主義、第二次世界大戦後の国際連合設立の推進など、パックス・アメリカーナの実現を目指してきた[11]。ただし、ウィルソン大統領が、上院の反対により、国際連盟加盟に失敗してから第二次世界大戦までは内向き外交が続いた。

米国的価値観の表と裏

米国は、「米国的価値観を世界に広めるのが米国の使命」との考えに立ち、孤立主義でありながらも、外国に介入してきた。これは、共和制であり英国から独立した米国であっても、帝国主義的側面をもつことを示す。

物事には何事も表と裏がある。国益を追求するために、米国

---

10 田久保忠衛著『新しい日米同盟　親米ナショナリズムへの戦略』（PHP研究所、2001年）193頁。
11 植村泰三「アメリカ例外主義に関する一考察」（「目白大学総合科学研究」第1巻、2005年）1〜9頁。

はベトナム戦争、イラク戦争のように、必ずしも大義のない戦争を行ってきたが、今後、それを繰り返す可能性があることも否定できない。キリスト教的な崇高な理念を掲げておきながら、米国は、外国への攻撃を正当化するために、以下のように虚言を弄する場合がある。

1964年のトンキン湾事件（北ベトナムが米国駆逐艦を2回攻撃）が契機となり米国はベトナム戦争に突入した。しかし、ベトナム戦争を指揮したマクナマラ国防長官（当時）が回顧録で、2回目の攻撃はなかったと明らかにしている。

当時、一国が共産主義になるとそれがドミノ倒しのように連鎖拡大するというドミノ理論が存在した[12]。共産主義国の勢力拡大を防ぐために、南ベトナムの共産主義化を防ぐ必要があるという考えである。1976年に、南北ベトナムが統一され、ベトナム全体が共産主義化したが、その後、ドミノ現象は発生しなかった。

2003年のイラク戦争では、フセインが大量破壊兵器を隠し持っているという理由で、米国率いる多国籍軍はイラク戦争開戦に踏み切った。しかし、大量破壊兵器は存在しなかった。

また、米国は、イランのモサデク政権転覆（1953年）やパナマへの軍事侵攻（1989年）など、直接、間接に、外国の政権に介入してきた。ただし、米国は、中国の人権問題などに対して

12　木之内秀彦「地域介入合理化の非論理—アメリカのベトナム介入の場合—」（「重点領域研究総合的地域研究成果報告書シリーズ：総合的地域研究の手法確立：世界と地域の共存のパラダイムを求めて」第33巻、1997年1月31日）17〜63頁。

は厳しく批判する一方で、世界最大のエネルギー埋蔵国である
サウジアラビアに対して同様の批判はしない。

2 キリスト教福音派の強力な政治力

熱心なキリスト教信者が支持するトランプ政権

　米国では、他の主要先進国と比較して、宗教が政治に対して
大きな影響力をもつ。そこで、本節は、歴史を交えながら、宗
教が米国の政治、外交、安全保障政策に与える影響を分析する。

　意外に思われるかもしれないが、米国は熱心な宗教国であ
る。米国ではなんらかの宗教を信じる人は92％に達し、主要先
進国で最も高い。これは米国のルーツの一つである英国の31％
を大きく上回る（世界全体は62％）[13]。国全体では、71％がキリ
スト教徒、うち47％がプロテスタント、21％がカトリックであ
る（2014年時点、出所：Pew Research Center）。

　福音派は76％が教会に行くが、カトリックはそれが36％にと
どまる[14]。この数字は西欧のクリスチャンの平均18％と比較し
て高い[15]。

　宗教に熱心な人にトランプ支持が多い。2016年大統領選挙に

13　Gallup International, "Religion prevails in the world", 10 April 2017.

14　Pew Research Center, "U.S. Public Becoming Less Religious Chapter
　2: Religious Practices and Experiences", November 3, 2015.

15　Pew Research Center, "Being Christian in Western Europe", May
　29, 2018.

おいて、毎週教会に行く人の56％がトランプ候補に投票した（クリントン40％、CNN出口調査）。一方で、無宗教者の62％がクリントンに投票した（トランプ26％）。

　トランプ大統領自身はプロテスタント主流派である長老派だが、最大の支持基盤は聖書の教えに忠実な福音派である。福音派のトランプ大統領支持率は69％と高い（プロテスタント全体の50％、カトリックの36％、無宗教の20％）[16]。白人男性（高卒）の66％、プロテスタントの61％が共和党支持である（出所：

図表 3 － 1　宗教別大統領選挙への投票（2016年）

	クリントン（％）	トランプ（％）	差（ポイント）
プロテスタント・その他キリスト教	39	58	19
カトリック	45	52	7
白人カトリック	**37**	**60**	**23**
ヒスパニック・カトリック	67	26	－41
ユダヤ教	71	24	－47
その他宗教	62	29	－33
無宗教	68	26	－42
白人・福音派	**16**	**81**	**65**
モルモン教	25	61	36

出所：Pew Research Center, "How the faithful voted: A preliminary 2016 analysis", November 9, 2016

16　Pew Research Center, "Evangelical approval of Trump remains high, but other religious groups are less supportive", March 18, 2019.

2018年CNN出口調査）。

　福音派は、南部や中西部の白人労働者層に多く、米国の人口全体の25％を占める大票田である。白人労働者層は中南米からの移民や中国製品の流入に対して強い反感をもち、トランプが掲げる移民の制限、国境の壁建設や、対中国貿易政策強硬策を支持することが多い。

　2016年大統領選では、白人・福音派信者の81％がトランプに投票した（クリントン16％）。白人カトリック信者でも60％がトランプに投票し、クリントンへの投票は37％だった。こうして、トランプ政権において、福音派の政治的な影響力が増している。

ピューリタンの流れを汲む福音派

　福音派の確立された定義はなく、一般に、プロテスタントのうち、主流派と黒人教会以外を意味する[17]。保守的で伝統的価値観をもつ原理主義には同意せず、自由主義神学を否定する一方で、原理主義的な考えや政策によってリベラルな考えをもつ人も含まれ、政治思想、信条などは必ずしも一様ではない。

　福音派のルーツは、英国のピューリタンである。17世紀に、英国国教会（上流階級）から迫害を受けたピューリタン（中流、下層階級）が、信教の自由を求めて米国に移住してきた。

　英国国教会とは、16世紀の宗教改革において、ローマ教会よ

17　飯山雅史「米国における宗教右派運動の変容―2008年米国大統領選挙と福音派の新たな潮流―」（「立命館国際研究」第20巻第3号、2008年3月）337〜363頁。

り分離独立した独自の教会である。ヘンリー8世（在位1509〜1547年）は、妃キャサリンとの間に女子しかなかったため、離婚を試みた。しかし、ローマ教皇により拒否されたため、英国国教会を設立した。1534年に国王至上法が成立し、英国の教会は国王を唯一最高の首長と規定した[18]。

ピューリタンは、カルヴァン（フランス）に影響を受けたプロテスタントである。16世紀前半の宗教改革で、マルチン・ルターによる免罪符（カトリック教会が発行した罪を軽減する証明書）への批判を契機に、ローマ・カトリック教会からプロテスタントが分離した。ルイ14世（在位1643〜1715年）の時代に、カルヴァン派の信仰が禁止され、カルヴァン派は国外に移住した。

宗教弾圧は、米国を生むきっかけの一つになった。ピューリタンは、英国国教会からカトリック教の要素を排除することを求めた。しかし、ローマ教皇との関係が決定的に悪化することを避けたい英国国教会はそれを退けた。

ピューリタンは国家による宗教的弾圧を受けた結果、1620年に、ピルグリム・ファーザーズと呼ばれるピューリタンがメイフラワー号で米国に移住した。これが米国のプロテスタントの発祥となった。1630年代には、英国で弾圧が強化され、ピューリタン大移住が始まった[19]。

18　川北稔編『イギリス史』（山川出版社、1998年）145頁。

19　増井志津代「インターナショナル・カルヴィニスト運動としてのピューリタニズム—英国宗教改革からピューリタン北米植民地建設まで—」（「キリストと世界」第10号、2000年）34〜63頁。

17世紀に、大西洋を渡って米国に渡るのは命がけだったはずである。それほど、英国ではピューリタンは厳しく弾圧された。英国では、1640年にピューリタン革命が起こり、1649年に国王チャールズ1世が処刑された。

プロテスタント主流派と福音派の違い

プロテスタントは、現在、主流派と福音派に大きく分けられるが、主流派には、ルター派、メソジスト派、聖公会派、長老派、会衆派があげられる。米国東部の13州は、主流派のさまざまな宗派のプロテスタントが開拓した。その13州の植民地が重税を課す英国に対して反旗を翻し、1773年ボストン茶会事件、1776年独立宣言を経て、独立を勝ち取った。

米国では、プロテスタント主流派の信者は減少傾向にある。プロテスタント主流派の人口構成比は1944年時点で60％であったが、2014年には15％に低下した[20]。一方、福音派は、9％から25％に増え、最大の宗教勢力となった。

両派の違いは、聖書の解釈と信仰の態度に表れる[21]。プロテスタント主流派は、相対的に高学歴で所得水準も高く、米国の政治指導者の中心を占めていた。基本的に聖書の解釈を絶対視せず、他の宗教への寛容度が高い。

一方、福音派は、聖書を絶対視し、原理主義的に解釈し、他

---

20 飯島雅史著『アメリカ福音派の変容と政治』（名古屋大学出版会、2013年）102頁。
21 松本佐保著『熱狂する「神の国」アメリカ　大統領とキリスト教』（文藝春秋、2016年）27〜29、115〜127頁。

の宗教に対し不寛容な場合が多い。福音派の特徴的な点は次のとおりである[22]。

1. 福音派は熱心な信徒である。福音派の63％が聖書を毎週読む（主流派30％）。福音派の58％が教会に毎週通う（主流派30％）。

2. 福音派の支持政党は56％が共和党である（28％が民主党）。それに対して、主流派は、共和党支持と民主党支持が拮抗している。

3. 福音派の支持政策は、小さな政府、中絶反対、同性婚反対が多い。主流派も小さな政府を志向する傾向があるが、中絶、同性愛には相対的に寛容である。

1960〜1970年代に、南部バプティスト連盟が中心となり、聖書を絶対視する原理主義的な運動が活発化した。1976年、南部バプティスト連盟の教会員であった民主党候補のジミー・カーターが大統領選挙に勝利した。元来、福音派は反エスタブリッシュメント集団の色彩があった[23]。

もともと、福音派は民主党支持者が多かった。しかし、1980年代のレーガン大統領の登場以降、福音派は保守色を強めた共和党を支持するようになった[24]。近年、福音派はインテリ層、政治指導者・関係者が増え、政界への影響力が大きくなってい

22　Pew Research Center, "U.S. Public Becoming Less Religious", November 3, 2015.

23　久保文明編『アメリカ外交の諸潮流―リベラルから保守まで―』（日本国際問題研究所、2007年）240頁。

24　佐藤圭「現代アメリカの宗教と政治の関わり―政治を動かす宗教の力―」（「國士舘大學政經論叢」第10巻第1号、1998年）29〜60頁。

る。

ユダヤ教と福音派の緊密な関係

福音派は旧約聖書の教えを重視するという点で、ユダヤ教に近い。ユダヤ教と福音派は、ユダヤ教の聖書タナハとキリスト教旧約聖書という共通の聖書をもつ[25]（キリスト教新約聖書は、イエスの福音書や使徒たちの言行録や黙示録などで構成される）。

キリスト教、ユダヤ教、イスラム教の共通点は、終末論である。これは、人間社会や世界の始まりと終わりを説く宗教思想である。終末論において、人間は亡くなると、天国か地獄に送られる。ユダヤ教とキリスト教では、死後すぐに、生前の行いにより審判を受け、天国か地獄に送られる。イスラム教では、死後、バルザフ（中間的冥界、墓場）にとどまり、やがて来る終末の日に復活し、神の審判により、天国か地獄に送られる。

紀元前17世紀頃、ユダヤ人は飢饉によりカナン（現在のイスラエル・パレスチナ一帯）から逃れ、エジプトのシナイ半島で暮らしていた。その後、パレスチナ→イラン→パレスチナと移り住んだ。

紀元前10世紀のモーセの十戒をルーツとするユダヤ教は、現存する最古の宗教である。ユダヤ人は、流浪を続けたり、異民族の支配下にあったり、離散したりした時期が長かった。ユダヤ人としての民族意識を保つために、唯一神ヤハウェを信仰し、同時に厳しい戒律をもつユダヤ教が生まれ、一体感を形成

25　小田雄一「〈食〉の差異が、差異の表象を生むまで：ユダヤ教の食事規定に着目して」（『人文學報』第100巻、2011年3月）33〜47頁。

した。

　一般に、ユダヤ人とは、ユダヤ教の信者、もしくは、ユダヤ人の母から生まれ、他の宗教の信者ではない者を指す。ユダヤ教では、ユダヤ人を神の選民と考え、救世主メシアの到来を信じる。これを選民思想と呼ぶ。厳しい戒律を守った者だけが、神に救われるという教えである。

　旧約聖書によると、ユダヤ民族の始祖であるアブラハムは、神のお告げにより、カナン（現在のイスラエル・パレスチナ一帯）の土地を与えられた。これが、ユダヤ人と米国の福音派が、パレスチナがユダヤ人のものであるとする根拠になった。

　福音派のイスラエル重視は、神学体系がないため、思想的要因が大きい。キリスト教徒によるイスラエル支持はキリスト教シオニズムと呼ばれるが、この思想をもつ福音派信徒は多い[26]。その中心的信条は、①神がユダヤ人と交わした約束は永遠である、②約束の地（カナン）はユダヤ人に属する、③神と同様、キリスト教徒もユダヤ人に配慮すべきである、④キリスト教徒はユダヤ人の故国再建を支持すべきである、というものである[27]。

千年王国説とイスラエル重視

　福音派によるイスラエルとユダヤ人に関する考え方の一つ

26　松本佐保著『熱狂する「神の国」アメリカ　大統領とキリスト教』（文藝春秋、2016年）55、187、190頁。
27　マーク・R・アムスタッツ著『エヴァンジェリカルズ　アメリカ外交を動かすキリスト教福音主義』（太田出版、2014年）147頁。

が、前千年王国説のディスペンセーション主義（天啓的史観）である。千年王国説は、終末論の一つである。

　キリストが最後の審判を下すまでの1,000年間を「至福の千年」と位置づけ、これを千年王国と呼ぶ。新約聖書ヨハネの黙示録第20章において、「紀元1000年頃、悪魔と戦って勝利したキリストが再臨し、最後の審判を下す」との説がある。最後の審判とは、キリストが人間の罪に対して審判を下し、天国に行くか、地獄に行くかを裁くものである。

　ディスペンセーション主義では、聖書を文字どおり解釈し、千年王国説とイスラエル重視を結びつける。これによると、「地上における千年間の治世（千年王国）到来前に、キリストが再臨する。それまでに離散したユダヤ人によるイスラエルの再建が必要である」と考える。ただし、千年王国説については、後千年王国説（キリスト再臨が千年王国の成立後に起こる）、無千年王国説（キリスト再臨と千年間の治世は存在しない）など、各種解釈がある。

　福音派は、「カナン（現在のイスラエル・パレスチナ一帯）をユダヤ人に永久所有地として与え（旧約聖書創世記第17章8節）、ユダヤ人を気にかける人に神の祝福がある（同第12章3節）」と聖書を解釈する。また、新約聖書の預言では、キリストの再臨（地上に再臨するという意味である）はイスラエルで起こるとされる（ゼカリア書第14章）。

　こうした信仰が、福音派がイスラエルを支持する背景にある。パレスチナ問題において、イスラエルを支持する米国人は59％であるが、共和党支持者では76％、福音派では87％にのぼ

る[28]。支持の理由として、63％の福音派は「聖書がイスラエル
の地をユダヤ人に与えた」ことをあげる[29]。イスラエルは歴史
的にユダヤ人の故郷であり（賛成60％）、イスラエルがキリス
ト再臨を果たすために重要である（同52％）ことも、支持理由
となっている。

　米国では、ユダヤ人と福音派の政治力が強い。たとえば、
2018年に、トランプ政権が実行した在イスラエル大使館移転
は、海外では厳しい批判があった。しかし、米国内では、ユダ
ヤ人と福音派の圧倒的な支持を得ている。2017年に、上院で在
イスラエル大使館移転決議が、賛成90、反対ゼロの圧倒的多数
で可決された。

　大使館移転は、1995年に法律で決まったものであったが、大
統領が移転を6カ月間延期できる条項がある。過去の大統領
は、パレスチナとの摩擦を避けるために、延期を繰り返してき
たが、トランプ大統領は延期せず、法律をそのまま実施した。

　このように、米国最大の宗派である福音派が、イスラエルを
強く支援していることが、米国の中東政策に大きな影響を与え
ている。そして、福音派と近い信条をもつ米国のユダヤ人は、
政治的に大きな影響力をもつ。

28　Frank Newport, "Americans' Views of Israel Remain Tied to Religious Beliefs", Gallup, March 19, 2019.

29　Sponsored By Chosen People Ministries and Author Joel C. Rosenberg, "Evangelical Attitudes Toward Israel Research Study —Evangelical Attitudes Towards Israel and the Peace Process", LifeWay Research, 2017.

米国の産業界で成功するユダヤ人

世界の有力なIT企業の多くはユダヤ系

米国の情報技術（IT、含むコンテンツ）の時価総額上位企業

図表３－２　世界の有力なユダヤ系IT企業（時価総額上位10社）

	企業	ユダヤ系との関係	時価総額（兆円）	過去５年株価上昇率（％）	米国IT順位
1	アップル	創業者スティーブ・ジョブズがユダヤ系	143.5	166.0	1
2	マイクロソフト	創業者ビル・ゲイツがユダヤ系	132.3	239.5	2
3	アルファベット	共同創業者のラリー・ペイジとセルゲイ・ブリンがユダヤ系	101.5	152.4	3
4	フェイスブック	創業者兼CEOマーク・ザッカーバーグがユダヤ系	64.4	163.1	5
5	ウォルト・ディズニー	新CEOロバート・チャペックがユダヤ系	28.7	53.6	8
6	インテル	創業者アンドリュー・グローブがユダヤ系	28.6	64.9	9
7	コムキャスト	創業者ラルフ・ロバーツ、現CEOブライアン・ロバーツがユダヤ系	22.5	55.0	10
8	シスコシステムズ	創業者サンディ・ラーナーがユダヤ系	22.4	72.4	11
9	オラクル	創業者ラリー・エリソンがユダヤ系	18.7	17.8	12
10	セールスフォース・ドットコム	創業者、会長兼CEOのマーク・ベニオフがユダヤ系	15.9	174.2	14

注：2019年末時点。１ドル110円で換算。コマース、メディア＆エンタメ、家電企業を含む。
出所：ブルームバーグ

図表3-3　世界の富豪上位10名

	名前	企業	国	年齢 （歳）	純資産 （兆円）	株価騰落率 （過去10年） （％）
1	ジェフ・ベゾス	アマゾンCEO	米国	56	12.8	1,273.7
2	**ビル・ゲイツ**	**マイクロソフト 創業者**	米国	65	12.2	417.4
3	ベルナール・アル ノー	LVMH モエ ヘ ネ シー・ルイ ヴィトン会長・ CEO	フランス	71	11.6	486.4
4	ウォーレン・バ フェット	バークシャー・ ハサウェイCEO	米国	90	9.9	242.3
5	**マーク・ザッカー バーグ**	**フェイスブック CEO**	米国	36	8.5	―
6	アマンシオ・オル テガ	インディテック ス創業者	スペイン	84	8.4	262.4
7	カルロス・スリム・ エル	アメリカ・モー ビル会長	メキシコ	80	7.4	3.4
8	**ラリー・エリソン**	**オラクル創業者**	米国	76	7.3	116.0
9	**ラリー・ペイジ**	**アルファベット 共同創業者**	米国	47	7.2	331.7
10	**セルゲイ・ブリン**	**アルファベット 共同創業者**	米国	47	6.9	331.7

注1：純資産・年齢は、2020年1月末時点。1ドル110円で換算。過去10
　　年株価騰落率は2019年末時点。バークシャー・ハサウェイ、アル
　　ファベットの株価はA株、フェイスブックは10年前未上場。
注2：ユダヤ人は太字。
出所：Forbes、ブルームバーグ

のほとんどはユダヤ系である。なお、本書では、創業者もしく
は現経営者がユダヤ人の場合、ユダヤ系企業と定義する。

　2010年代の世界の株式市場を牽引してきたのは、米国のIT
企業である。マイクロソフト、アップル、アマゾンの時価総額
は100兆円以上と、日本最大のトヨタ自動車（25兆円）を大き
く上回る。ちなみに、日本を代表するIT企業である日立製作

所やパナソニックの時価総額は2兆〜4兆円前後にとどまる。

2019年末の先進国IT企業時価総額上位10社はすべて米国企業であるが、これらのうち7社の創業者、あるいは現経営者がユダヤ人である。世界的にビッグデータを制する企業のほとんどはユダヤ系企業である。

ちなみに、現在、世界最大の映画配給会社であるウォルト・ディズニーのCEOは、アイズナー、アイガー、チャペックと3代続けてユダヤ人である。大手映画配給会社である20世紀フォックス、ワーナーブラザーズ、コロンビアピクチャーズ、メトロ・ゴールドウィン・メイヤー（MGM）、ユニバーサルなどの創業者もいずれもユダヤ人である。

その結果、ユダヤ人の富豪は多い。世界の富豪上位10名のうち5名がユダヤ人である。米国に限ると上位10名中8名がユダヤ人である。

ユダヤ教とキリスト教の対立

第二次世界大戦前、大陸欧州のユダヤ人の人口は950万人強であったが、その3分の2に当たる600万人がホロコーストで殺害された[30]。生き残りの多くは米国とイスラエルに移住した。かつては、ユダヤ人の主要な職種は金融、不動産、商業などであったが、いまではITやメディアに集中する傾向がある。その背景として、歴史が大きく影響している。

紀元前63年に、エルサレムはローマ帝国の属領となった。2

---

30 Michael Lipka, "The continuing decline of Europe's Jewish population", Pew Research Center, February 9, 2015.

度にわたるユダヤ戦争（西暦66年、131年）を経て、ローマ軍が
エルサレムを制圧し、ユダヤ人は居住を禁止された。

　ローマ帝国に滅ぼされ、故郷を失ったユダヤ人は欧州を中心
に離散した。ディアスポラは、もともと暮らしていた国家や居
住地から離散して暮らす集団をいう。ドイツ語圏、東欧諸国に
定住した人々は「アシュケナージ」、一方、南欧やトルコ、そ
してアフリカに移ったユダヤ人は「セファルディム」と呼ばれ
る。

　ローマ帝国初期には、暴君ネロに代表されるように、キリス
ト教は厳しい迫害の対象だった。しかし、信者の増加に伴い、
392年にローマ帝国がキリスト教を国教とした。

　ローマ教皇の権力の絶頂期にあった中世の欧州では、ユダヤ
人がすべての公職、ギルド（各種の職業別組合）から追放され、
職業が厳しく制限された[31]。土地所有を認められず、職業を制
限された多くのユダヤ人は貧しい生活を強いられた。ユダヤ人
に対する差別が続いた理由としては、以下が考えられる。

1．キリストを処刑したのはユダヤ人である。

2．ユダヤ人が、キリスト教徒が宗教的に従事できない業務
　（例：金融）についた。結果として、金銭的に裕福になり、
　妬みの対象となった。

3．ユダヤ教の戒律が厳しく、かつ選民思想をもつ。

31　中島健二「中世西欧の高利禁止法に関する一考察─そのねらいは何
　だったのか─」（『金沢大学経済論集』第32巻、1995年３月25日）77～
　108頁。羽田功「キリスト教会とユダヤ人」（『藝文研究』第81巻、2001
　年）83～107頁。

ユダヤ人排斥の理由は聖書にもあるとする説がある。新約聖書のテサロニケ人への第一の手紙第2章15節に、「ユダヤ人がキリストも預言者たちも殺した」とある。また、同ヨハネによる福音第8章44節では、イエスは、自身を殺すために言質をとろうとしたユダヤ人に対し「あなたたちは悪魔の子である」と述べている。

　19〜20世紀初めに、欧州ではユダヤ人の排斥運動が激化した。ロシアやドイツで、広範囲にユダヤ人に対する集団的迫害（ポグロム）が行われた。第二次世界大戦中には、ヒトラーのユダヤ人絶滅計画が実行され、多くのユダヤ人が虐殺された。

　こうした反ユダヤ主義をきっかけに、19世紀後半以降、ユダヤ人によるエルサレムにおける国家建設の運動（シオニズム）が起こった。そして、第二次世界大戦後の1948年に、パレスチナにイスラエルを建国したが、これがその後の激しい中東紛争を生んだ（第6章参照）。

ユダヤ人が金融に強い理由

　聖書が利息を得ることを禁じていたため、中世の欧州では、貸金業は宗教的に厳しい制限を受けた。1179年と1215年のラテラノ公会議で、利息付金貸しが厳しく禁じられ、キリスト教徒は金融業に従事できなくなった。

　旧約聖書の申命記第23章19は、利息を取り立てることを禁じている。そのため、ユダヤ教のみならず、ユダヤ教をルーツとするキリスト教とイスラム教も利息を認めなかった。ただし、同第23章20には、「外国人（異教徒）から利息を取り立てても

いい」とある。

　ユダヤ教徒も、ユダヤ教徒から利息を取り立てることは禁止されている。しかし、周囲の多くは異教徒であるキリスト教徒であるため、ユダヤ教徒がキリスト教徒を相手に貸金業を営むことは可能であった。

　歴史的には、中世に地中海貿易で栄えたマーチャント・バンク（金融機能をもった貿易商）が、近代金融業の発祥である。貿易商は、利息をとらないかわりに、手形の割引料や外国為替取引手数料などによって実質的に金融収入を得た。

　国際金融の中心地は、ルネサンス時代のフィレンツェ、ベネチアなどイタリアの都市国家、そして大航海時代にはスペイン、オランダへとシフトしていった。19世紀には、ナポレオンなどの戦乱、そしてポグロムなどから逃れるために、ロスチャイルド、シュローダーズ、クラインウォート・ベンソン、ウォーバーグなどの有力なドイツ系ユダヤ資本が本拠地をロンドンに移転した。

　19世紀以降、ロンドンでは、金融業のみならず、会計事務所、法律事務所など金融に欠かせないサービス業も集積した。これらは、ドイツのギルド（各種の職業別組合）の文化をもつため、自主規制やソフトローとしての金融規制が発達した。ちなみに、国際財務報告基準（IFRS）は、ロンドンでユダヤ人を中心につくられた会計制度が発祥である。

　20世紀には、米国で、ゴールドマン・サックス、ソロモン・ブラザーズ、リーマン・ブラザーズ、ドレクセル・バーナムなどユダヤ系金融資本が台頭した。しかし、このなかで単独で生

き残っているのは、ゴールドマン・サックスのみである。現在では、米国におけるユダヤ人の活躍の舞台は、金融からITに移っている。

科学技術に強いユダヤ人

多くのユダヤ人がIT産業で活躍する理由として、科学技術に秀でたユダヤ人が多いことがあげられる。歴代ノーベル賞受賞者の22％（1901〜2019年）が、世界の人口の比率0.2％を占めるにすぎないユダヤ人である。歴代ノーベル賞受賞者のユダヤ人は米国籍が36％と多い。

部門別には、自然科学賞における比率が高い。著名なユダヤ人受賞者として、物理学者アルベルト・アインシュタインらがいる。また、ノーベル経済学賞の39％がユダヤ人である。ノーベル賞受賞者ではないが、『資本論』で有名なカール・マルクスもユダヤ人である。つまり、ユダヤ人は、科学技術とビジネ

図表3－4　歴代ユダヤ人ノーベル賞受賞者数（1901〜2019年）

	受賞者（人）	世界構成比（％）	米国籍構成比（％）
物理学	55	26	38
生理学・医学	56	26	38
化学	36	20	29
経済学	33	39	50
文学	15	13	33
平和	9	8	10
自然科学合計	147	24	35
全体	204	22	36

出所：JINFO.ORG

ス両方に強い傾向にあるといえる。

　ユダヤ教はその戒律が厳しいため、他の宗教の信者とは相いれない傾向がある。インターマリッジ（他宗教の者との結婚）が少ないことも影響した。これが、ユダヤ人が独自に進展を遂げた原因の一つであると考えられる。

　世界のユダヤ人の約80％を占めるアシュケナージ系ユダヤ人の知能指数は高いとの研究結果がある[32]。ユダヤ人が優秀である理由として、遺伝説、学習中心説、職業選択説などがあげられる。

　アシュケナージ系ユダヤ人は、600～800年前に、欧州人と中東系集団の融合によって、形成されたとされる[33]。アシュケナージ系は、特定の遺伝病に罹患する傾向があり、遺伝説の根拠となっている。

　学習中心説は、ユダヤ教の信者であるために、相対的に高度な知識が要求されるというものである。ユダヤ教は世界最古の宗教の一つであり、多くの戒律をもつ。このため、字や紙がない時代から、高度な記憶力を求められてきた。また、聖書が編纂されてからは高い識字率が要求された。ユダヤ人にとって、学ぶことは男性に課された宗教的義務であり、息子に民族の伝統とトーラー（ユダヤ教の律法）を学ばせる責任は父親が負っ

32　Gregory Cochran, Jason Hardy & Henry Harpending, "Natural history of Ashkenazi intelligence", Journal of Biosocial Science Vol.38-5, pp. 659-693, October 2006.

33　Shai Carmi, Ken Y. Hui, Itsik Pe'er, et al., "Sequencing an Ashkenazi reference panel supports population-targeted personal genomics and illuminates Jewish and European origins", Nature Communications volume5, Article number: 4835, 9 September 2014.

ていた[34]。

職業選択説は、中世の欧州でユダヤ人が金融などの知的職業に追いやられたことを原因とするものである[35]。これは、アシュケナージ系ユダヤ人は知能指数が高いものの、セファルディムのそれは特に高くないことが証左とされる。ただし、アシュケナージ系ユダヤ人の知能指数は高いとする上記研究は、科学者の間でも批判が多く、個人差があることは論を俟たない[36]。

世界最高水準のイスラエルの科学技術

イスラエルは科学技術立国として急成長しており、一人当りGDPは日本をしのぐ。

科学技術における強みは、第一に、国防軍が開発するサイバー技術である。イスラエルの全人口は約850万人にすぎないが、エジプト（人口約1.0億人）、イラン（約8,300万人）、サウジアラビア（約3,400万人）といった大国に囲まれている（2019年国連推計）。このため、兵器を高度化（あるいは無人化）し、軍事技術で圧倒するほか小国イスラエルが生き残る道はない。その戦略の成果が、無人偵察機や無人爆撃機、自動運転のミサイ

---

34 宮崎正勝著『ユダヤ商人と貨幣・金融の世界史』（原書房、2019年）24頁。

35 Brian Ferguson, "How Jews Became Smart : Anti-Natural History of Ashkenazi Intelligence", January 2008.

36 Sander L. Gilman, "Are jews smarter than everyone else?", Mens Sana Monographs, 2008 Jan-Dec; Vol.6 - No.1, pp. 41-47 ; Karen Kaplan, "Jewish legacy inscribed on genes?", Los Angeles Times, April 18, 2009.

ル、自動運転の戦車などの開発である。

　18歳以上の男女は兵役が義務化されている（期間は男子3年間、女子19～24カ月）。最優秀の人材はサイバー軍に入隊するが、退役後、軍の技術をベースにベンチャー企業を興すことが多い。また、軍の技術部隊が大学や巨大IT企業と産軍学共同体を形成している。

　国防軍が開発するサイバー技術を活用した最先端IT技術は数多い。その代表例が、マイクロ・プロセッサ（MPU）、フラッシュ・メモリー、USBメモリー、サイバーセキュリティ、チャットアプリ、カプセル型内視鏡などである。インテルのMPUの多くはイスラエルで設計された。

　第二に、米国との絆の太さである。世界のユダヤ人1,460万人のうち、米国693万人、イスラエル674万人と、合計で全体の93％を占める（2018年）。

　いまや、世界のIT技術開発の中心地は、シリコンバレーとイスラエルである。スタンフォード大学を核として成長するシリコンバレーでは、アップル、フェイスブック、インテルなど高度なサイバー技術と独創性の高いビジネスモデルをもつ企業が集積する。

　国防軍に由来する技術であるため、イスラエルは事業会社向けのB2Bには強いものの、一般消費者向けのB2Cには弱い。一方、アップル、アルファベット（グーグルの持株会社）などシリコンバレー企業は、グローバルなB2Cビジネスに強い。つまり、両者は強力な相互補完関係にある。

　イスラエルの強みは、軍事技術で培ったサイバー技術と機械

工学の融合である。自動運転車を開発するアルファベットやウーバーなどシリコンバレー企業はサイバー技術をもつものの、機械工学は弱い。それを補うのがイスラエルのメカトロニクス技術であり、その代表的なものが自動ブレーキ、クルーズコントロールなど先進運転支援システム（ADAS）である。

第三に、ベンチャー投資が活発である。1991年ソ連崩壊後、優れた技術と高い教育水準をもつユダヤ人がロシアから数多く移住してきた。そこで、政府はヨズマ・キャピタル（VCファンド）を設立して米国から資金導入し、ユダヤ系移住者に仕事を与えた。ヨズマは10を超えるベビーファンドを組成し、その後、これらは民営化された。こうして、ベンチャー投資が根づいた。

2020年代も、引き続き、米国とイスラエルの企業が世界の技術革新をリードする可能性が高い。

 4　トランプ大統領を生んだ社会構造

トランプ大統領出現の背景

トランプ大統領は多くの伝統的メディアを「フェイクニュース」と批判し、国民とのコミュニケーションにツイッターを頻繁に使う。一方、米国の伝統的なメディアは反トランプ色の強い報道をする傾向がある。

米国の代表的なマスコミは、民主党の強固な地盤であるワシ

ントンDC、ニューヨークなどの大都市に集中する。そして、一般に、ジャーナリストは高学歴であり、かつユダヤ人が多い。2016年の大統領選挙で、クリントン候補の得票率はワシントンDCでは91％、ニューヨーク市マンハッタンでは88％と圧倒的に高かった（出所：ニューヨークタイムズ）。また、大学院卒では58％（トランプ37％）、ユダヤ人では71％であった（トランプ23％、出所：CNN）。

　日本の有力メディアも大都市に駐在している。このため、日本では、中西部や南部の熱心な福音派信者が圧倒的にトランプ支持であることが報道されにくい。マスコミなどによるトランプ批判が多いため、日本の金融市場は、トランプ大統領の政策に対してネガティブに反応しやすい。

　その好例が、2016年米国大統領選後の株価の反応である。トランプ勝利が確実になった同年11月9日に、日経平均は当日の高値から最大7.5％下落した（終値は前日比5.4％下落）。日本の投資家の多くは「トランプ勝利＝株安」と判断したのである。

　しかし、欧米の反応は日本とは大きく異なった。同日、欧州株（ブルームバーグヨーロッパ500指数）は前日比1.3％、米国株（S&P500）は同1.1％上昇した。つまり、世界の株式市場は、大規模減税実施、巨額のインフラ投資、金融緩和維持などを経済政策の柱とするトランプ候補の勝利を歓迎した。

　史上最大の法人税減税は、米国企業の利益を押し上げ、米国の経済成長率は2016年の1.6％から2018年には2.9％へと大きく上昇した。このように、「トランプ勝利＝株高」が正解だったのである。

米国の大統領選挙制度の特徴

　大統領選挙は、4年ごとの11月の第1月曜日の翌日の火曜日に実施される[37]。連邦議会選挙の場合は2年に1度、下院議員は435名全員が選出され、上院議員は100名のうち3分の1を選出する。上院は各州2名ずつ選出される。下院の議席数は各州1議席が保証され、残りは、各州の人口に比例する。

　大統領の年齢は35歳以上で、14年以上米国に居住している必要がある。大統領任期は4年間で2期が上限である。

　米国には住民登録制度がないため、選挙権者は18歳以上で有権者登録を行った者に限られる。米国市民は、各居住地で登録のうえ、有権者資格を得る。登録の際、支持政党（無所属登録も可能）を申告し、政党の党員として登録され、予備選挙や党員大会に参加できる。2016年大統領選挙の投票率（投票年齢人口の市民）は61.4%であった。

　大統領候補は、各政党により選出される。共和党、民主党の候補を決める予備選挙は、政党の代議員を選出するために各州で行われる。全国党大会で、各党の正副大統領候補者が発表される。

　本選挙では、有権者が選挙人団を選出し、選挙人が大統領を選出する形態をとる。全米50州の上院下院議員数と同数名の

37　米国大使館レファレンス資料室／アメリカンセンター・レファレンス資料室「早わかり「米国の選挙」」（2016年8月）。三輪和宏、佐藤令「アメリカ大統領選挙の手続」（国立国会図書館「調査と情報—Issue Brief—」第456号、2004年10月25日）。

図表3−5　過去の大統領選挙における主要スイング・ステートの
　　　　　投票結果

（単位：人）

州	有権者数	選挙人の数	1992年	2000年	2008年	2016年
フロリダ	9,420,039	29	共和党	**共和党**	**民主党**	**共和党**
ペンシルベニア	6,165,478	20	**民主党**	民主党	**民主党**	**共和党**
オハイオ	5,496,487	18	**民主党**	共和党	**民主党**	**共和党**
ミシガン	4,799,284	16	**民主党**	民主党	**民主党**	**共和党**
ノースカロライナ	4,741,564	15	共和党	**共和党**	**民主党**	**共和党**
バージニア	3,984,631	13	共和党	**共和党**	**民主党**	民主党
ウィスコンシン	2,976,150	10	**民主党**	民主党	**民主党**	**共和党**
コロラド	2,780,247	9	**民主党**	**共和党**	**民主党**	民主党
アイオワ	1,566,031	6	**民主党**	民主党	**民主党**	**共和党**
ネバダ	1,125,385	6	**民主党**	**共和党**	**民主党**	民主党
当選者			クリントン	ブッシュ	オバマ	トランプ
党			民主党	共和党	民主党	共和党

注1：選挙人の数、有権者数は、2016年大統領選挙。
注2：当選者の州は太字。
出所：FEC

選挙人およびコロンビア特別区3名の選挙人が、選挙人団を構成する（合計538名）。原則として、一般投票で1票でも多く獲得した大統領候補者の選挙人団が、その州の選挙人団を総取りできる。

　世論調査と選挙結果は大きく乖離することがある。それは、選挙が「州別ウィナー・テイクオール」という方式で行われるからである。各党のシンボルカラーにより、民主党が選挙人を獲得した州をブルー・ステート、共和党が選挙人を獲得した州をレッド・ステートと呼ぶ[38]。

　そして、選挙のたびに、勝利政党が変動する激戦州をスイング・ステートと呼ぶが、オハイオ、フロリダなど14州あるとい

われる（出所：ThoughtCo.）。成人に占めるマイノリティ人口が他州よりも大きく、マイノリティの票が勝敗に大きく影響する[39]。過去の大統領選は、スイング・ステートの上位州を押さえた候補が勝利した。

前回の大統領選の世論調査では、クリントン候補の支持率がトランプ候補を上回っていたが、選挙人獲得数ではトランプ氏（304名）がクリントン氏（227名）に圧勝した。選挙の度に勝利政党が変動するスイング・ステートが勝敗を決めた。トランプ氏はそれらの上位4州で勝利して選挙人83名を獲得し、これが勝因となった。

政治に反映される米国社会の分断

トランプ大統領自身は、WASP（白人、アングロサクソン、プロテスタントの略語）であり、共和党保守派に属する。歴代米国大統領は、ジョン・F・ケネディ（カトリック）とバラク・オバマ（父親がケニア人）以外は、WASPである。トランプ大統領の強みは、自身は裕福な共和党保守派にありながら、低中所得の白人労働者層を広く取り込んでいる点にある。

共和党保守派の代表格は、「ティーパーティ」である。ティーパーティは、小さな政府、自己責任、自由主義経済などを主張する草の根保守運動である。その支持者は、経済的に豊かで、

---

38 井田正道著『アメリカ分裂—数字から読みとく大統領選挙』（明治大学出版会、2017年）14頁。

39 Ronald Brownstein National Journal, "The Most Valuable Voters of 2016", February 18, 2015.

高齢、白人、熱心なキリスト教信者といった属性をもつ。数こそ少ないものの、高所得者が多いので、政治活動に豊富な資金を投入することができる。経済政策としては、減税に賛成し、国民皆保険反対など「小さな政府」を支持する。実際、トランプ政権は史上最大の減税を実施し、オバマケア撤廃を試みた。

　共和党保守派が重視するのが銃所有の権利である。共和党保守派の銃保有者のうち95％は、表現の自由や信仰の自由などとほぼ同等に、銃所有の権利は重要と考える。憲法修正第2条は武器の所有・携帯の権利を認めており、成人の30％が銃を保有している[40]。共和党支持者の銃保有率は41％（民主党16％）である。そして、トランプ大統領は、銃保有の権利保護を明言している。

　一般的に、ユダヤ人は民主党支持者が多いものの、富裕層では共和党支持が比較的多い。トランプ大統領の娘婿ジャレッド・クシュナーはユダヤ人であり、娘のイバンカは結婚時にユダヤ教に改宗した。そして孫たちはいずれもユダヤ教徒である。これが、トランプ大統領が親イスラエル政策を強力に実行する理由の一つであると思われる。

　トランプ大統領は、有力な実業家など一部のユダヤ人から強力な支持を得ている。ユダヤ人は人口こそ少ないものの、政治献金額が多いため、強力な政治力をもつ。2018年の政治献金額上位10名はすべてユダヤ人である。政治献金額1位のシェルド

40　Kim Parker, Juliana Menasce Horowitz, Ruth Igielnik, J. Baxter Oliphant and Anna Brown, "America's Complex Relationship with Guns", Pew Research Center, June 22, 2017.

図表３－６　政治献金上位10名（2018年）

	献金者	所属	献金額 （億円）
1	**シェルドン・アデルソン**	**ラスベガス・サンズ（カジノ経営） CEO**	**124**
2	マイケル・ブルームバーグ	元ニューヨーク市長	67
3	トム・ステイヤー＆キャサ リン・アン	Fahr／トム・ステイヤー	66
4	**リチャード・ウイエレイン ＆エリザベス**	**Uline**	**43**
5	ドナルド・サスマン	パロマ・パートナーズ	25
6	ジェームズ・シモンズ＆マ リリン・H	ルネサンス・テクノロジーズ（ヘッジ ファンド）	21
7	ジョージ・ソロス	ソロスヘッジファンド	19
8	**スティーブン・シュワルツ マン＆クリスティーン**	**ブラックストーン・グループ**	**14**
9	フレッド・エイカナー	ニューズウェブ	13
10	**ケネス・グリフィン**	**シタデル・インベストメント・グルー プ／アラゴン・グローバル・マネジメ ント**	**12**

注１：１ドル110円で換算。
注２：共和党支持は太字。
出所：OpenSecrets.org

ン・アデルソンは、トランプ陣営の最大の支援者である。

　2016年大統領選では、トランプ、クリントン両候補に対する支持は極端に分かれた。トランプは、白人、男性、中流階級、高卒、高齢者の支持を受け、一方で、クリントンは、ヒスパニックや黒人、女性、低所得者と高所得者、大卒と大学院卒、若年者の支持を受ける傾向があった。

　事前にクリントン優位が伝えられたが、クリントンの支持者は、投票率の低い都市部のヒスパニック、若年者、低所得者が多かった。当然のことながら、選挙に行かない人の支持率は選挙結果には影響しない。

図表3−7　トランプ大統領支持率の推移

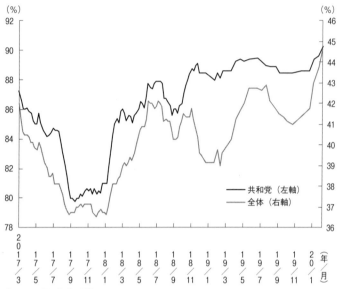

注：8週間移動平均。
出所：Gallup

　現在も、トランプ支持と不支持は極端に分かれており、これ
も米国の分断を象徴している。2020年1月のギャラップ世論調
査によると、共和党支持者によるトランプ大統領に対する支持
率は90％前後と圧倒的に高い。一方で、民主党支持者のトラン
プ支持率は5〜10％と著しく低い（全体の支持率は40％前後）。
つまり、これは、政治的に米国が分断されている現象であると
いえよう。

5　バブル発生と崩壊の歴史からみた株式相場

新型コロナショックで世界的に株価急落

　新型コロナの影響で、2020年に入って、世界の株式市場は急落した。世界の株式相場は、2009年3月を底に11年間上昇を続けており、その間の上昇率もかなり高い。そこで、世界のバブルとバブル崩壊の歴史を振り返り、今後の相場の見通しの示唆を得る。

　歴史的に、世界はバブルの発生と崩壊を何度も繰り返してきた。17世紀のオランダのチューリップバブル、18世紀の英国の南海バブル事件、1920年代の米国の「狂騒の20年代（Roaring

図表3－8　日米株価の推移

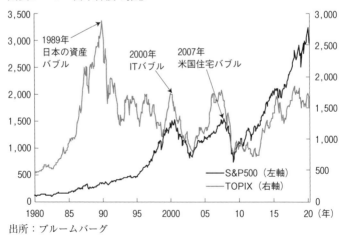

出所：ブルームバーグ

twenties)」(その後、大暴落、大恐慌、世界恐慌が起こった)など、バブルの歴史は長い。

そして、戦後の世界と日本の代表的なバブルとして、1980年代日本の資産バブル、1990年代ITバブル、2000年代米国住宅バブルがあった。

バブルとは、金融資産や不動産の価格が実質的な価値から大きく乖離し、しかも、それが長期間にわたって持続することによって発生する[41]。過度に資産価格が高い状況が長く続くと、それが資産効果を発生させ、景気が過熱する。そして、景気過熱は、株式市場や不動産市場の過熱を生み、それらが長続きするとバブルとなる。

バブルが発生する条件は、①好景気、②低インフレ、③低金利、が同時にそろうことである。一般に、好景気であれば、インフレ率と金利は上昇する。しかし、なんらかの理由でインフレ率と金利が低い状態が続くと、好景気下の金余りが起こる。

中央銀行は政治的な圧力を受けやすく、そのうえ、雇用などの遅行指標にも留意が必要であるため、その政策発動が後手に回ることがある。上述の3度のバブルの発生と崩壊時の共通点は、中央銀行が、①過度に金融緩和する、②遅れて金融引き締めに向かう、③遅れたために過度に金融引き締めする、ことである。中央銀行の政策がバブルを生んだともいえる。

一般には、中央銀行の独立性は重要とされる。しかし、過度

---

41 Markus K. Brunnermeier and Martin Oehmke, "Chapter 18 - Bubbles, Financial Crises, and Systemic Risk"(Handbook of the Economics of Finance, Vol.2, Part B, 2013), pp. 1221-1288.

の独立性は弊害を生むことがあり、政治による適切なチェックが必要な場合もある。そこで、以下、中央銀行の独立性を軸に３度のバブルを検証し、教訓を導き出したい。

日本のバブル発生と崩壊の過程

　日本のバブルは、1987年頃から始まり1990年にピークを迎えた。その間、二つの大きな危機が発生し、それに対応して過度な金融緩和が実施された。

　1985年のプラザ合意によって、円相場は１ドル240円台から1987年には120円台まで上昇した。1987年にブラックマンデーが起こり、世界的に株価が急落した。ただし、日本では、その影響は一時的にすぎず、株価（TOPIX）は1987年に10.4％上昇した。

　歴史的なドル安、株安に対応して、日本銀行は、好景気であ

図表３－９　TOPIXと全国商業地公示地価の推移

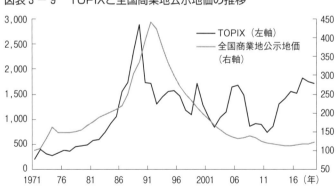

注：全国商業地公示地価は、1971年を100として指数化。
出所：国土交通省、Astra Manager

るにもかかわらず、金融緩和を長期にわたって実施した。日本銀行が利上げを実施したのは、バブルのピークの直前である1989年であった。これが、株式や不動産などのバブルを生んだ。

　1989年末に株価がピークを打ち、バブルが崩壊し始めた。きっかけは日本銀行の金融引き締めである。同年12月17日に、三重野康が第26代日本銀行総裁に就任した。12月25日に公定歩合は3.75％から4.25％へ引き上げられ、この時点以降、金融政策は引き締めに転じた。東証株価指数（TOPIX）の史上最高値は三重野総裁が就任した翌日の12月18日の2,884.8であった。そして、TOPIXは1992年の安値まで61.8％も下落した。

　遅れて、不動産バブルも崩壊した。全国商業地公示地価は1991年のピークから2006年までで70.2％下落した。

　1990年に、TOPIXは39.8％下落したが、日本銀行は2度、計1.75ポイント公定歩合を引き上げた。つまり、バブル崩壊後にバブル退治をしていたのである。当初は、三重野は、バブル退治に成功した「平成の鬼平」として高く評価されたが、いまから振り返れば、これが日本経済の長期低迷とデフレの始まりであった。

　その後、経済成長率の低下、株価下落、地価下落、インフレ率低下（デフレ突入）、不良債権の増加、企業業績の悪化と、2000年代初頭まで日本経済はバブル崩壊の後遺症に苦しんだ。これらはすべて複合的であり、負のスパイラルに陥った。

名議長グリーンスパンが生んだ二つのバブル

　米国連邦準備制度理事会（FRB）議長であったアラン・グリーンスパンは、名指揮者を意味するイタリア語である「マエストロ」と称され、歴代議長のなかでも、高い評価を得ている人物の一人である[42]。その任期は18年を超え、歴代2位である。

　その手腕は、就任直後の1987年10月19日のブラックマンデーでおおいに発揮された[43]。当日の米国株の代表的指数であるS&P500の下落率は20.5％であった。これが引き金となり、世界的に株価が急落した。これは、大恐慌のきっかけとなった1929年のブラックサーズデーの再来といわれた。

　就任直後であったにもかかわらず、グリーンスパンの行動は迅速であった。直ちに流動性を大量に供給し、FRBはFF金利（米国における政策金利）誘導目標を7.25％から6.5％まで引き下げた。1988年以降、世界的に株価は回復し、危機を乗り切った。

　しかし、そのグリーンスパンをもってしても、判断ミスをいくつか犯した。グリーンスパンは在任中に、ITバブルと米国住宅バブルの二つのバブルの発生を経験した。

42　Ray C. Fair, "A Comparison of Five Federal Reserve Chairmen: Was Greenspan the Best?", Cowles Foundation Discussion Papers 1577, Cowles Foundation for Research in Economics, Yale University, revised March 2007.

43　Ryan McKeon and Jeffry M. Netter, "What Caused the 1987 Stock Market Crash and Lessons for the 2008 Crash", January 19, 2009.

1990年代に、米国を中心にITバブルが発生した。この時期にバブルを長期化させた要因が、高成長と低インフレの共存である。1990年に、冷戦が終結して世界的に軍事負担が減少し、「平和の配当」が生じた。1990年代の米国の景気拡大期間は120カ月と史上最長であった。

　さらに、中国などから低廉な労働力が大量に供給された。また、アマゾンに代表されるEコマースなどの発達により、流通業のマージンが圧縮され、ディスインフレが進んだ。世界的にインフレ率が構造的に低下した結果、好景気下で、金利が低下した。こうしてバブル発生の3条件がそろった。

　ITバブルを加速させたのが、FRBの金融緩和であった。1997年にアジア危機、1998年にロシア危機、LTCM危機（大手ヘッジファンドの経営危機）が立て続けに発生した。危機に対応して、主要国の中央銀行は大規模な金融緩和を行い、FRBは3度、計0.75ポイント利下げを実施した。

　しかし、これらの危機の影響は限定的であり、1998年の米国の経済成長率は4.5％と高水準であった。つまり、後から振り返ると、FRBは本来であれば不要な利下げを実施したのであった。

　1996年に、グリーンスパンは米国株式市場の上昇に対し、「根拠なき熱狂（irrational exuberance）が資産価格を不当に吊り上げている」と危険性を指摘した[44]。しかし、前述のよう

44　Remarks by Chairman Alan Greenspan At the Annual Dinner and Francis Boyer Lecture of The American Enterprise Institute for Public Policy Research, Washington, D.C., FRB, December 5, 1996.

に、1998年には３度も利下げを実施して、その結果1999年に
ITバブルが加速した。

　2000年春以降、ITバブルは崩壊した。2000年エンロン事件、
2001年米国同時多発テロ事件、アフガン戦争、2003年イラク戦
争と多くの事件、戦争が発生し、株価下落期間は３年にわたっ
た。

リーマン危機を生んだ金融政策の失敗

　ITバブル崩壊後の2002年に、グリーンスパンは「バブルは
崩壊して初めてバブルとわかる」という名言を残した[45]。はた

図表３－10　2000年代の米国の経済成長率（四半期、前年比）とFF
　　　　　金利（誘導目標）の推移

出所：BEA、FRB

---

[45]　Remarks by Chairman Alan Greenspan, "Economic volatility", at a symposium sponsored by the Federal Reserve Bank of Kansas City, Jackson Hole, Wyoming, FRB, August 30, 2002.

して、ほどなく、米国住宅バブルが発生した。

ITバブル崩壊後、米国の景気は2001年11月に底を打って回復に向かった。しかし、それ以降もFRBはFF金利を4度、計1.5ポイント引き下げた。その後、利下げしたのが景気の底打ちから1年7カ月後の2003年6月であり、当時史上最低のFF金利誘導目標1.0%を1年間継続した。

2004年の米国の経済成長率は3.8%と高水準であった。好景気と低金利は必然的にバブルを生み、とりわけ、住宅価格が大きく上がり始めた。フロリダ州、カリフォルニア州、アリゾナ州、そしてラスベガスがあるネバダ州の住宅価格は、2001～2006年の5年間に約2倍になった（FHFA住宅価格指数）。

やがて、住宅バブル発生が認識され、FRBは急速に金融引き締めを行った。2004年6月から2年間で17回、計4.25ポイントもFF金利を引き上げた。2006年2月にベン・バーナンキが

図表3-11　米国主要都市の住宅価格指数の推移

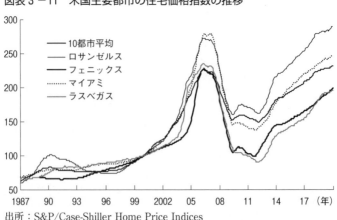

出所：S&P/Case-Shiller Home Price Indices

議長に就任したが、わずか4カ月間に3度、計75ベーシスの利上げを実施した。

　急激な金融引き締めにより、住宅バブルは崩壊した。2007年に、サブプライムローン貸付機関の資金繰りが悪化し、破綻が相次いだ。2008年に、名門投資銀行リーマン・ブラザーズが経営破綻し、大手保険会社AIGも経営に行き詰まった。世界の大手投資家が米国のサブプライムローンの証券化商品に投資していたため、住宅バブル崩壊は、世界規模の金融危機に発展していった。

　リーマン危機発生直後の議会証言で、グリーンスパンは、「過去40年間機能してきた経済政策が、リーマン危機時には機能しなかった。これほどまでの大きな危機になるとはとても想像できなかった」と述べた[46]。もちろん、リーマン危機はFRBだけの責任ではない。

　金融政策のみならず、プルーデンス政策（金融システム安定化政策）の充実によって、総合的にバブル抑止策を実行することが可能となる[47]。しかし、当時、これらは十分に整備されていなかった。こうした反省から、2010年代に、バーゼルⅢなどの銀行の自己資本規制やIFRSなどの制度の整備、そして、金

46　The Financial Crisis and the Role of Federal Regulators Hearing Before the Committee on Oversight and Government Reform House Representatives One Hundred Tenth Congress Second Session, October 23, 2008, Serial No. 110-209.

47　Emmanuel Farhi and Jean Tirole, "Collective Moral Hazard, Maturity Mismatch and Systemic Bailouts", American Economic Review, American Economic Association, Vol. 102 No.1, February 2012, pp. 60-93.

融安定化理事会（FSB）などのプルーデンス監督組織の充実化が図られた。

FRBの独立性は明文化されていない

歴史的に、中央銀行はしばしば政府からの介入を受けてきた。連邦準備法にはFRBの独立性は明示されていない。このため、第二次世界大戦前は、戦費調達のために、政府が金融緩和圧力をかけることが多くあった[48]。ちなみに、日本銀行法（日銀法）にも、日本銀行が独立しているとは明記されていない。主要先進国で政府からの独立性が明記されている中央銀行は、欧州中央銀行（ECB）のみである（EU機能条約130条）。

世界の中央銀行の独立性の歴史は比較的新しく、1980年代以降のことである。1979年に、第二次石油危機が発生し、米国のインフレ率は11.3％（年平均）に達した。そこで、カーター大統領が中央銀行業務の経験が長いポール・ボルカーをFRB議長に指名した。政治圧力をはねのけ、ボルカーは政策金利を10.6％から20.0％まで引き上げた。

その結果、インフレ率はピークの14.8％（前年同月比、1980年3月）から大きく低下した。ボルカーは、2度にわたる石油危機に起因するハイパーインフレを収束させたとして、高い評価を得た[49]。

この頃から、中央銀行の独立性の重要性が次第に認識され始

---

48 "The 50th Anniversary of the Treasury-Federal Reserve Accord 1951-2001: Biographies: John Wesley Snyder," The Federal Reserve Bank of Richmond, VA.

めた。その後、ボルカー、グリーンスパン、バーナンキ、イエレンら優れた議長の功績により、高度な専門性を必要とする金融政策に関しては専門家に一任することが適切であるとの評価がおおむね定着した。その結果、FRBの政治からの独立性は、成文法で明示することなく、慣習的に形成された[50]。

こうした実績の結果、FRBは政権交代による影響を受けにくい体制ができあがっている。たとえば、グリーンスパンは、共和党のロナルド・レーガン大統領が最初に任命したが、その後、共和党ジョージ・H・W・ブッシュ大統領、民主党ビル・クリントン大統領、そして最後は共和党ジョージ・W・ブッシュ大統領と4名の大統領に再任された。その前任のボルカーは、民主党のジミー・カーター大統領に任命され、その後、共和党レーガン大統領に再任された。

FRBは、「政府内での独立性」を維持しうる制度となっている[51]。しかし、これは「政府からの独立」ではない。FRBは、政府の経済・財政政策のフレームワークに沿うかたちで、独立して金融政策を実行できる。大統領はFRB理事を解職できるが、その実行は厳しく制限されている。このため、実態的に大

---

49 Marvin Goodfriend and Robert G. King, "The Incredible Volcker Disinflation", Journal of Monetary Economics, Elsevier, vol. 52, No. 5, July 2005, pp. 981-1015.

50 Remarks by Ben S. Bernanke, "Central Bank Independence, Transparency, and Accountability" at the Institute for Monetary and Economic Studies International Conference Bank of Japan, Tokyo, Japan, 8:30 p.m. EDT, May 25, 2010（9:30 a.m. local time, May 26, 2010）.

51 "The Federal Reserve System: Purposes and Functions", FRB, October 2016（Tenth edition）, p. 9.

統領からのFRBの独立性を支持する見解が有力である[52]。総合すると、政府の基本的な方針の枠内で、FRBは具体的な金融政策の実施を一任されていると解釈できる。

トランプ政権におけるFRBの金融政策の展望

歴史を検証すると、多くの歴代FRB議長は優れた実績をもつものの、同時に重大な判断ミスを犯してきたことも事実である。FRBの独立性は、議長が優秀であるからこそ形成されたものである。言い換えると、議長が優秀でない場合、成文法の規定がないだけに、厳しい政治的圧力がかかってくる。

1980年以降の大統領とFRBの関係を大きく変えたのが、トランプ大統領である。かつて、不動産王、あるいはカジノ王として知られたトランプ大統領は、米国破産法チャプター11（債務免除条項）を過去4度申請して、借金弁済をした経験をもつ。その意味では、厳しい経験を通じて、現実のビジネスがよくわかっている。

パウエル議長はトランプ大統領の圧力に屈せず、2017年の就任後4度の利上げを実施した。しかし、2018年に、米中貿易摩擦が激化して、世界経済が減速するなかでの利上げは株価を急落させるきっかけとなった。さらに、2018年12月には、翌年に2度利上げする方針を示した。その結果、2018年の高値から安値まで、米国株は19.8％、日本株は25.9％下落した。

52　公法的観点からみた中央銀行についての研究会「公法的観点からみた日本銀行の組織の法的性格と運営のあり方」（日本銀行金融研究所「金融研究」2000年9月）。

この時、トランプ大統領はパウエル議長を激しく非難し、議長解任を検討したとの報道まであった。ほどなく、パウエル議長は、市場とトランプ大統領の圧力に屈して、利上げ方針を撤回し、2019年3度の利下げを実施した。その結果、株価は大きく回復し、米国経済も回復し始めた。2020年には新型コロナの影響で世界的に株価が急落した。そこで、FRBは政策金利をゼロ％近辺まで引き下げた。

　ただし、今後のリスクとして懸念されるのは、過度の金融緩和である。前述のように、中央銀行が過度に金融緩和する原因の一つが、想定外の危機が発生することだからである。

　新型コロナ騒動が沈静化しても、2020年の米大統領選でトランプ大統領が再選された場合、FRBの利上げは政治的に大変むずかしいものとなろう。したがって、回復後の過度の金融緩和継続によるバブル発生にも目配りが必要である。

小括：米国の対外摩擦は長期化しよう

　米国の孤立主義回帰は、海外の軍事力を削減し、米国第一主義を重視するという意味であり、必ずしも、海外に対する関与や干渉をやめるという意味ではない。むしろ、中国やイランなど特定の国については、干渉を増している。

　トランプ大統領は混乱が起きても躊躇なく強硬策を実施する人物である。また、それが、トランプ大統領に対する共和党支持者の支持率が高い理由でもある。したがって、2021年以降もトランプ政権が続けば、中国やイランなどに対して厳しく対峙すると考えられる。

今後、中国の技術力の高まりとともに、ファーウェイのような、米国にとって直接的な脅威となる中国企業が増えるであろう。その場合、米中貿易摩擦は日米摩擦同様、数十年間単位で続く可能性がある。ただし、貿易摩擦は、中国が市場を開放し、かつ米国から農産物やエネルギーなどを大量購入すれば、ある程度妥協が可能である。

　しかし、もう一つの米中摩擦要因である中国国内の宗教弾圧は、中国にとって妥協がむずかしい。中国は、新疆ウイグル自治区でイスラム教徒の少数民族ウイグル族、チベットではチベット仏教徒を弾圧している。福音派は、そのルーツであるピューリタンが厳しく迫害された経験をもつため、信教の自由を重視する。熱心な福音派であるペンス副大統領やポンペオ国務長官は、中国の宗教弾圧を厳しく批判している。

　一方、中国は、体制維持のために、信教の自由を認めることはできないであろう。このため、福音派が米国の政権の中枢にいる限りは、この要素は波乱要因となるであろう。ただし、米ソ冷戦とは異なり、米中関係は軍事的な衝突にはなるまい。中国はソ連ほどの核攻撃力をもたない。さらに、西欧と国境を接していたソ連と異なり、地理的に、中国は欧米の脅威にはなりづらい。

　米国は軍事行動の代替策として、金融制裁を盛んに用いている。金融制裁は、基軸通貨であるドルをもつ米国ならではの武器である。トランプ政権は、在外米軍削減を公約しているだけあって、その代替手段としての金融制裁の重要性はますます高まる。ロシア、イランなどに対しても、米国は金融制裁を活発

に使っている。

　中国はデジタル人民元構想を掲げている。これが、基軸通貨ドルの地位を脅かすことがあれば、米国は躊躇なく金融制裁を発動することがありうる。一帯一路も潜在的に米中摩擦を生むことがありうる（第5章参照）。

　今後、トランプ大統領は、米国第一主義の思想をベースに、対外強硬姿勢をとり続けることであろう。そして、再選されれば、これらの摩擦はいっそう激しくなり、これらが世界経済と金融市場を大きく揺さぶり続ける可能性がある。

第 **4** 章

英国離脱と欧州連合
不安定化の構造要因

1 独仏激突が世界大戦を生んだ

欧州における主権国家の成立は遅れた

　中東やアジアと比較して、欧州の文明の誕生はかなり遅れた。古代文明の発祥地で国家が成立した時期は、シュメール人（メソポタミア）の都市国家が紀元前3500年頃、エジプトの統一国家が紀元前3000年頃、中国の夏が紀元前1900年頃とされる。ところが、欧州が世界史に本格的に登場してくるのは、ギリシャのアテネやスパルタが活躍する紀元前8世紀以降である。

　欧州で大多数を占めるインド＝ヨーロッパ語族は5,000～6,000年前（すなわち紀元前4000～3000年）のロシア南部で発祥したとする説が有力である[1]。その後、インド＝ヨーロッパ語族は、欧州、イラン、インドなどユーラシア大陸各地に広く移り住んだ。

　紀元前15世紀頃、ヒッタイト（現在のトルコ）で製鉄技術が本格的に確立された[2]。その製鉄技術を継承した騎馬民族スキタイ（現在のウクライナ）を通じて、鉄器が広く伝播した。

　欧州の鉄器時代の担い手であるケルト人は、西北ドイツ地方を原住地とした。ハルシュタット文化（紀元前1200～500年頃）

1　松本克己著『ことばをめぐる諸問題　言語学・日本語論への招待』（三省堂、2016年）7、13頁。
2　津本英利「古代西アジアからの鉄製品─銅から鉄へ─」（「西アジア考古学」第5号、2004年）11～23頁。

を生み出し、その後、欧州に広く分布した[3]。欧州全体にはケルト語に由来する地名が多くみられ、ライン、ドナウ、セーヌ、テムズなど河川名称の起源となっている[4]。また、パリ、ロンドンなど地名の語源もケルト語であるといわれる。

　歴史的に、欧州は、アジア系民族の侵略を数多く受けた。フィンランド、エストニア、ブルガリア、ハンガリーは、外見はコーカソイド（白人）に近いが、多くは遺伝子的にモンゴロイド（アジア系）の血も引く。欧州は、紀元前27年に成立した古代ローマ帝国の辺境に位置する周縁世界として形成された[5]。2世紀頃には、ローマ帝国は、イタリアを中心に地中海全域、英国、中東、アフリカ大陸にまで領土を広げた。375年に、アジアの騎馬民族フンに追われて、バルト海沿岸のゲルマン民族がローマ帝国領域内へ大移動を始めた（ゲルマン民族大移動）[6]。395年に、ローマ帝国は東西に分裂し、476年に、西ローマ帝国は滅亡した（東ローマ帝国は1453年に滅亡）。

　それ以降、欧州では統一国家が現れず、国家の形成は遅れた。日本の大和王朝（飛鳥時代）成立が6世紀であるのと比較して、現在の欧州主要国の原型が統一国家として成立したのは

3　川崎靖「Germania-Romana(2)：「ゲルマンvs.ローマvs.ケルト」という図式」（「ドイツ文學研究」第46巻、2001年）39～62頁。

4　森和紀「水文地名の成立由来と分布特性―国内外の比較の視点から―」（「日本大学文理学部自然科学研究所研究紀要」第54号、2019年）39～51頁。

5　南塚信吾、秋田茂、高澤紀恵編『新しく学ぶ西洋の歴史：アジアから考える』（ミネルヴァ書房、2016年）9頁。

6　安倍謹也著『物語ドイツの歴史　ドイツ的とは何か』（中央公論社、1998年）8頁。

図表4-1　欧州の主要国の成立

国	実質的な 国家形成年	建国年	人口 （百万人）
フランス	987	1789	65.1
英国	1066	1922	67.5
スイス	1291	1648	8.6
スペイン	1479	1492	46.7
スウェーデン	1523	1523	10.0
オランダ	1581	1815	17.1
ロシア	1613	1991	145.9
ベルギー	1830	1831	11.5
イタリア	1861	1946	60.6
ドイツ	1871	1990	83.5

注：建国年は建国記念日、あるいは条約上独立が認められた年。人口は、
　　2019年国連推計。
出所：国連、外務省、各国政府ウェブサイト

遅い。国家としてのフランスが成立したのは987年（カペー
朝）、英国は1066年（ノルマン朝）である。

　国家形成が遅れた理由として、キリスト教が深く関係してい
る。中世の大陸欧州ではローマ教皇が絶大な権力をもってい
た。

　962年に、オットー1世が神聖ローマ皇帝に即位し、神聖
ローマ帝国が成立した（1806年消滅）。首都はなく、ドイツとイ
タリアにまたがって領邦国家が乱立していた[7]。その結果、中
央集権国家が成立せず、イタリアの統一は1861年、ドイツの統
一は1871年と遅れた。

7　若尾祐司・井上茂子編著『近代ドイツの歴史—18世紀から現代ま
で—』（ミネルヴァ書房、2005年）5、12頁。

国家形成に影響した宗教対立

　ローマ帝国分裂時に当時の文明の中心地であった東ローマ帝国と違って、西ローマ帝国では文字が読めない人々が多かった。そのため、布教のためにキリストの像は不可欠だった。

　当時、布教での聖像利用を肯定したローマ教皇とそれを否定した東ローマ帝国皇帝は対立を深めた。そして、東西の教会は、互いに破門し合った。その後、前者はカトリックとなり、後者はギリシャ正教になった。ギリシャ正教は、ロシアではロシア正教に発展し、東方正教会の最大勢力となった。現在、ドイツ・英国などゲルマン系諸国ではプロテスタント、イタリア・スペインなどラテン系諸国ではカトリック、ロシア・東欧のスラブ系諸国では東方正教会を信仰することが多い。

　ローマ教皇とは、「ローマ司教、イエス・キリストの代理者、使徒の頭の後継者、全カトリック教会の大司祭、西欧の総大司教、イタリアの首座大司教、ローマ管区の首都大司教、バチカン市国の元首」である[8]。諸説あるが、実質的に最初の教皇に位置づけられるのがレオ1世（在位440～461年）である。

　キリスト教布教が進むにつれ、ローマ教皇の権威は強まった。聖職者叙任権をめぐって、神聖ローマ帝国皇帝ハインリッヒ4世と教皇グレゴリウス7世が対立した。1077年に、皇帝が教皇に許しを請い、破門は解かれた（カノッサの屈辱）。これによって、教皇権の優位が明確となった。

8　鈴木宣明著『ローマ教皇史』（筑摩書房、2019年）15、85頁。

11〜13世紀にかけて、ローマ教皇の権力が頂点を迎えた。当時のローマ教皇は、キリスト教世界全体を教義と組織で統括する普遍的で超越的な権威をもった存在であった[9]。しかし、ウルバヌス2世が呼びかけた十字軍の遠征（1096〜1291年）は失敗し、絶頂期は終わった。

　レオ10世がサン・ピエトロ大聖堂の改修費用をまかなうため、贖宥状（免罪符）を乱発した。それをマルチン・ルターが批判し、宗教改革が始まった。これがプロテスタントの始まりである。

　プロテスタントは、聖職者も信者とともに神のもとでは皆平等という思想で、「聖職者」の呼称、役割がなく、教会の指導者とし、職業（労働）は天職であり、社会において勤勉に働くことが神の意志に沿うとする。マックス・ウェーバーは、禁欲主義のプロテスタントが、利潤を追求する資本主義を生み出したという[10]。

　近代では、キリスト教が欧州の国家形成に与えた影響は大きい。スペインのイベリア半島を支配したイスラム教徒からキリスト教徒が同半島の国土を回復する戦いをレコンキスタと呼ぶ（1492年スペインのレコンキスタ完了）。スペイン・ハプスブルク家（カトリック）の領土であったネーデルラント（現在のオランダ、ベルギー、ルクセンブルク）は、宗教改革に影響を受け、プ

9　福井憲彦著『興亡の世界史　近代ヨーロッパの覇権』（講談社、2017年）71頁。

10　大塚明子「近代化と宗教の比較社会学に向けて〜「世界宗教の経済倫理」再検討の試み〜」（「ソシオロゴス」16号、1992年）175〜194頁。

132

ロテスタントが普及した。1568年に独立運動が起こり、1648年にネーデルラント連邦共和国の独立が承認された。ハプスブルク家の支配下にとどまった、カトリックが多い南部ネーデルラントは、紆余曲折を経た後、1830年に、ベルギー王国としてネーデルラントから独立した。英国とアイルランドについては、後述する。

民主主義と共和制の発祥

　欧州は、民主主義と共和制の発祥の地でもある。

　世界で初めて共和制が生まれたのは古代ローマである。紀元前753年（ローマ紀年法による）に建国された古代ローマは当初王政であったが、貴族が王を追放し、紀元前509に共和制に移行し[11]、複数の貴族（元老院）を通じた国家運営が行われるようになった（貴族共和制）。そして、平民層（プレブス）が貴族に対し平等な権利を要求し、身分闘争を通じて、参政権などの市民権を獲得していった。

　一方、紀元前5世紀頃、都市国家アテネにおいて、市民（成年男子）が主権者として多数決で物事を決定する民主制が生まれた。民主主義とは、市民が直接に、もしくは自由選挙で選ばれた代表を通じて、権限を行使し、市民としての義務を遂行する統治形態である[12]。

　中世以降、世襲に基づく君主制が支配的になった。ルネサン

---

[11]　的射場敬一「古代ローマにおける「市民」と「市民権」」（「国士舘大学政治研究」第1巻、2010年3月）97〜116頁。

[12]　U.S. Department of State, "Principles of Democracy", April 2005.

ス期には、『君主論』のマキャベリに代表されるように、政治理論が発展した[13]。共和制は君主制に対峙するイデオロギーとなり、これが、英国の名誉革命、米国の独立革命、フランス革命に影響を与えていく。

英国では、1642年に勃発したピューリタン革命により1649年に君主制と上院（貴族院）を廃止し、一度は共和国を樹立した。1707年に成立したグレートブリテン連合王国では、議会を政治の実質的決定権者とする立憲君主制が採用され、19世紀に確立した[14]。

1789年に、フランス革命が起こった。国民議会が設置され、人権宣言により国民主権が明言された。1792年に王権が停止され、翌年、ルイ16世は処刑された。こうして、第一共和政が実現した。その後、第一帝政、第二共和政、第二帝政を経て、1870年に第三共和政が成立した。他の国が革命を経て共和制をとるようになったのは19世紀以降のことであった。

共和国は、君主ではなく、選挙により選ばれた元首（大統領など）を有する。なお、英国の政体は立憲君主制であり、元首は、エリザベス女王である。日本については、理念上は立憲君主制だが、天皇をどう位置づけるかにより、君主制か共和制か、国家元首はだれとするかについて学説上の争いがある[15]。

13　鬼塚尚子「政治参加と民主主義の理論」（「帝京社会学」第15号、2002年３月）15～44頁。

14　福井憲彦著『興亡の世界史　近代ヨーロッパの覇権』（講談社、2017年）102頁。

15　小林正士「日本国憲法と天皇の象徴的地位―市民法学の観点から―」（「国士舘法研論集」第19号、2018年）。

早期に中央集権を確立したフランスと遅れて成立したドイツの激突

近代欧州で激しく対立したのが、中央集権を欧州で最も早く確立させたフランスと、最も遅れて確立させたドイツである。ともに大陸欧州を代表する大国である。そして、両国の国境付近には、海、大河、山脈などの明確な国境線がない。

18世紀の産業革命や資本主義の成立を経て、英国とフランスを中心に、植民地獲得を目指す帝国主義が生まれた。帝国主義は、19世紀末に世界分割とそれをめぐる国際対立の激化という政治現象の呼称として用いられた[16]。英国は、自らを「大英帝国」と称し、古代ローマ帝国になぞらえた[17]。

産業革命や資本主義による資本の蓄積や技術開発によって、欧州列強や米国の軍事力はアジアやアフリカなどを圧倒した。19世紀末に、英国、フランスなど国家形成が早い時期になされた国は、植民地分割を終えようとしていた[18]。世界の植民地の陣取り合戦が終わりを迎えようとしている頃、ドイツ、イタリア、日本において近代的な中央集権国家が形成された。

20世紀に入って、石油などの資源の重要性が高まるなかで、植民地の重要性はますます高まった。そして、早期に植民地獲得を終えた英国、フランスと、石油などの資源に乏しかったド

16 秋田茂著『イギリス帝国の歴史　アジアから考える』（中央公論新社、2012年）91〜92頁。
17 飯田隆著『図説西洋経済史』（日本経済評論社、2005年）24頁。
18 山本有造「近代日本帝国における植民地支配の特質」（「経済志林」第73巻第4号、2006年）97〜110頁。

図表4－2　欧州が関与した主要な戦争

年	戦争名	主な戦勝国	主な敗戦国
1618～1648	三十年戦争	**フランス**、スペイン	**神聖ローマ帝国**
1701～1714	スペイン継承戦争	英国、オランダ、**神聖ローマ帝国**	**フランス**
1756～1763	七年戦争	**プロイセン**	オーストリア、**フランス**、ロシア、スウェーデン
1803～1815	ナポレオン戦争	**フランス**	ロシア、英国、**プロイセン**、オーストリア、スウェーデン
1870～1871	普仏戦争	**プロイセン**	**フランス**
1914～1918	第一次世界大戦	英国、**フランス**、イタリア、日本、米国、ロシア	**ドイツ**、オーストリア、オスマン帝国、ブルガリア王国
1939～1945	第二次世界大戦	米国、英国、**フランス**、ソ連、中国	**ドイツ**、イタリア、日本

注：ドイツ、フランスは太字。
出所：外務省

イツ、イタリア、日本は対立を深め、最終的に、第二次世界大戦で激突することになった。

　歴史上、フランスとドイツの激突は、欧州全体、あるいは世界全体を巻き込む大戦を何度も引き起こした。現在、両国はその反省のうえに立って、EUの中核になっている。

　以下、欧州の主要国の歴史を振り返る。

欧州で国家形成が最も早かったフランス

ローマ帝国時代に、フランスはガリア人（ケルト人の一派）の国と呼ばれていた。ケルト人は、カエサルの遠征（紀元前58〜51年）によりローマ化した[19]。現在では、フランス語は、イタリア語やスペイン語と同じロマンス語に分類される。

5世紀以降、ゲルマン系部族であるフランク族が、フランク王国をつくりあげた。メロヴィング朝（481〜751年）、カロリング朝（751〜987年）と続き、現在のフランスからドイツ西部、イタリア北部にかけてを支配した。また、現在のノルマンディー地方には、スカンジナビアからノルマン人（バイキング）が侵入した。こうして、フランス人は、ガリア人、ローマ人、フランク族、ノルマン人などが混血して形成された[20]。

843年に、フランク王国は、現在のフランス、ドイツ、イタリアで3分割された。西フランク王国がカペー朝（987〜1328年）となり、それ以降、フランス王国となった（1848年王政廃止）。

フランスの国家形成が早かった理由の一つとして、地理的な要因があげられる。西は北海、英仏海峡、大西洋、南は地中海に接し、イタリアとの国境にアルプス山脈、スペインとの国境にピレネー山脈がある。そして、ドイツ、イタリアと異なり、

19　疋田隆康「古代ガリア社会におけるケルトの伝統─ガロ＝ローマ文化の形成」（「史林」第86巻第4号、2003年）535〜566頁。

20　森田康夫「ドイツの歴史・地理教科書と国土教育〜文化連邦主義をとるドイツの教育とEU」（「JICE REPORT」第28号、2015年）90〜111頁。

神聖ローマ帝国の支配下になかったことも大きな要因である。

　中世以降、フランスは欧州の政治、経済、文化の中心であった。17世紀には、強力な絶対王政が生まれ、中央集権体制が確立された。ブルボン朝（1589～1789年）のルイ14世（在位1643～1715年）らの中央集権体制によって、言語、制度、文化、教育などが統一された。フランス語の統一を進めた結果、この時期に、欧州における公用語としてフランス語が使われた[21]。

　中央集権体制によって、国民意識が形成され、同時に民衆の人権意識が高まった。これが、ルイ16世（在位1774～1792年）の時代に、フランス革命を生み、近代欧州初の国民国家が成立した。

　1804年に、ナポレオンが皇帝として第一帝政を開始した（1815年に失脚）。欧州初の近代的統治機構が生まれ、法典編纂事業を行った。1804年に民法典（ナポレオン法典）、1806年に民事訴訟法典、1807年に商法典、1808年に治罪法典、1810年に刑法典が制定され、ナポレオン5法典と呼ばれる。

　中世から1815年のナポレオン戦争終結までフランスは欧州の中心であり続けたが、1830年（7月革命）、1848年（2月革命）と革命が続き、フランスの地位は低下した。その後、1870～1871年普仏戦争では、プロイセンに敗北した。

　しかし、19世紀後半からアフリカの植民地支配に乗り出し、国力を回復した。そして、2度の大戦でドイツに勝利し、大陸欧州の盟主に返り咲いた。

21　清水朗「フランスとドイツにおける近代的ネイションの成立とその言語的側面」（「言語文化」47号、2010年）3～15頁。

戦後、長期政権が続いたドゴール、ジスカールデスタン、ミッテラン、シラクが大統領であった時代には、国際政治においても大きな政治力をもった。1990年までドイツは東西に分裂しており、英国は遅れてEUに加盟したため、EU（その前身を含む）の中心はフランスであった。

　しかし、1990年ドイツ統一、2004年EU拡大、2020年の英国のEU離脱により、EUの地盤沈下とフランスの相対的な影響力低下がみられる。サルコジ、オランドと1期5年で大統領が交代し、国際政治における発言力は低下している。

世界の主要国で国家成立が最も遅れたドイツ

　ドイツの民族は、ゲルマン系を主体とする。ドイツの起源の説として、①800年にカール大帝がフランク王国を統一し皇帝に即位、②911年に東フランク王国国王コンラート1世が即位、がある[22]。

　ドイツは主権が多数の領邦国家に属し、統一国家の成立は遅れた[23]。東西の国境線は海や山脈がなく、確定していなかった。領邦国家は、①大領邦のオーストリア、プロイセン、②中領邦のバイエルン、ザクセン、マインツなど、③小領邦、に分類される。

　12〜15世紀にかけて、ドイツの諸侯は積極的に東方に植民を

22　メアリー・フルブロック著『ドイツの歴史』（創土社、2005年）20〜21頁。
23　清水朗「フランスとドイツにおける近代的ネイションの成立とその言語的側面」（「言語文化」47号、2010年）3〜15頁。

行った。これが、プロイセンの源流である。1618年に、ドイツ修道騎士団領であったプロイセン公国とホーエンツォレルン家のブランデンブルク選帝侯国が同君連合として統一された[24]。

1701年に、首都をベルリンとするプロイセン王国が成立した。初代国王フリードリヒ1世は、軍隊や官僚機構の拡充に注力した。こうして、神聖ローマ帝国内では、プロイセンがオーストリアと並んで2大強国となった。

1815年にドイツ連邦（ドイツ人領主、都市国家の連合）が成立し、国家としてのドイツが台頭し始めた。主導権を握ったプロイセンは、ドイツ統一の機運を高めるため、ドイツ語（国語）統一などによって国民意識を醸成していった。「白雪姫」「シンデレラ」などのグリム童話は、ドイツ人意識を高めるために、ベルリン大学教授であったグリム兄弟が編纂したものである。さらに、関税同盟（1834年）、鉄道建設（1835年開始）などによってドイツの工業化が進んだ[25]。

プロイセンは、1864年にデンマーク、1866年にオーストリア、1871年にフランスをいずれも短期決戦で破った。1871年に、ビルマルクが宰相となり、ドイツ帝国が生まれた。以下の理由から、ドイツは強力な軍事力をもった。

1．ドイツは人口が多く、石炭、鉄鉱石などの資源に恵まれていた。大陸欧州の中心に位置し、ギルドが発達し商業や工業

---

24 若尾祐司・井上茂子編著『近代ドイツの歴史—18世紀から現代まで—』（ミネルヴァ書房、2005年）13頁。
25 小笠原茂「19世紀前半におけるドイツ機械工業の発展」（「福島大学経済学会　商學論集」第38巻第2号、1969年10月20日）。

が栄えた。

2．小国プロイセンはフランス、ロシア、オーストリアなどの強国に囲まれていたため、クラウゼヴィッツが著した『戦争論』など戦争理論が発達した。

3．科学技術力が高かった。戦前（〜1945年）のノーベル自然科学賞3部門の国別受賞者数は、ドイツが39人と世界1位であった（出所：ノーベル財団）。

20世紀初頭、世界の植民地化で先行する大英帝国と、遅れて国家統一を果たした新興工業国ドイツが対立した（3B政策vs. 3C政策、第6章で詳述）。これが、最終的に、第一次世界大戦につながった。ドイツ帝国は、第一次世界大戦の勃発とともに絶頂期を迎え、終戦（1918年）とともに崩壊することになった[26]。

1939年に、第二次世界大戦が始まった。1940年に、ドイツはフランスに侵攻し、わずか1カ月でフランスは降伏した。しかし、対ソ戦が長期化し、東西二正面作戦を強いられたドイツは敗北した。

戦後、ドイツは東西に分割されたが、1990年に統一を果たした。統一後は、その経済力を背景に、大陸欧州の中核国としてEUのリーダーとなっている。

大国の侵略を受け続けたロシア

ユーラシア大陸の中央部に位置するロシアは、アジアや欧州

26　メアリー・フルブロック著『ドイツの歴史』（創土社、2005年）218〜221頁。

から何度も侵略された歴史をもつ。紀元前に、スキタイ人が現在のウクライナ地方を支配していたが、その後、北アジアから騎馬民族フン族が侵入した。5世紀に、農牧を営んでいたスラブ人が勢力を拡大していった[27]。

　882年に、ロシア民族初の国家であるキエフ大公国（ルーシ）が成立した。しかし、1240年に、チンギス・ハンのモンゴル帝国（元）に占領され、滅亡した。15世紀以降、モスクワ大公国が台頭し、1613年にロマノフ朝が成立した。この時期に、ロシアはシベリアまで領土を拡張した。

　1721年に、ピョートル1世が「全ロシアの皇帝（インペラトール）」を宣言してロシア帝国が成立した。しかし、それ以降も、ロシアは大国の侵略を受け続けた。1812年に、フランスがモスクワに侵攻し、多大な被害を受けた（ナポレオン戦争）。ロシアではこれを祖国戦争と呼ぶ。

　1914年に、第一次世界大戦が勃発した。1917年、革命に成功したレーニン政権は、1918年にドイツと単独講和を結び、戦線を離脱した。1918〜1922年のロシア内戦では、欧米、日本が介入して、ロシア領土を占領した。1922年には、世界初の社会主義国家であるソビエト連邦が成立した。

　1939年に、ソ連とドイツは独ソ不可侵条約を締結したうえで、ポーランドに侵攻し分割占領した（第二次世界大戦勃発）。1941年に、ドイツが独ソ不可侵条約を破棄し、ソ連への攻撃を開始した。1945年にドイツが降伏するまでの、4年間のソ連の

27　和田春樹著『ロシア（ヒストリカル・ガイド）』（山川出版社、2001年）8、18〜19頁。

犠牲者数は約3,000万人ともいわれる。ロシアではこれを大祖国戦争と呼ぶ。

　戦後、ソ連は東欧諸国を社会主義国化し、それらを西側への防波堤として自国防衛を図った。1955年に、西側諸国の軍事同盟であるNATOに対抗して、ソ連と東欧8カ国はワルシャワ条約機構を設立した。その後、ソ連は同盟国であるハンガリー、チェコスロバキアに、またアフガニスタンに軍事介入した。

　ベルリン危機（1961年）、キューバ危機（1962年）では、米ソ間で本格的な軍事衝突の手前まで緊張が高まった。とりわけ、キューバ危機は核戦争の引き金となりかねなかった。米国がトルコ、ソ連はキューバから、それぞれミサイルを撤去することで合意して、危機は去った[28]。

　米ソ対立を深刻化させたのが、ソ連の核ミサイルの技術力の高さであった。世界初の軍事用弾道ミサイルは、戦前にドイツが開発したV2ロケットである。ヒトラーはこれでロンドンを爆撃した。戦後、ソ連はドイツ人技術者6,000人（家族を含めると2万人）を自国に連行し、ミサイル開発を強化した[29]。

　原爆実験では、ソ連は米国に4年後れをとった（1949年）。しかし、ソ連は宇宙開発では米国を大きくリードした。1957年に、世界初の人工衛星スプートニクの打ち上げに成功した（ス

28　保城広至「キューバ危機（1962）はなぜ回避できたのか？」（東京大学危機対応学ウェブサイト、2017年1月19日）。

29　Antony C. Sutton Western technology and Soviet economic development, 1930 to 1945, Last Century Media, 1973, pp. 273-274.

図表4-3　ソ連（現ロシア）と米国の宇宙開発の歴史

年	出来事
1926年	世界最初の液体燃料ロケット打ち上げに成功（米国）
1934年	ガソリンと液体酸素のロケットで高度76mの上昇に成功（米国）
1957年	世界初の人工衛星「スプートニク」打ち上げ（ソ連（現ロシア））
1958年	米国初の人工衛星「エクスプローラ1号」打ち上げ成功（米国）、NASA発足
1959年	ルナ2号（ソ連（現ロシア））月に到達
1961年	ガガーリン（ソ連（現ロシア））による人類初の宇宙飛行
1969年	アポロ11号（米国）による有人月面着陸
1981年	世界初の有人再使用型ロケット「スペースシャトル（コロンビア号）」初飛行に成功（米国）

出所：JAXA

プートニク・ショック）。1959年に、ルナ2号が初めて月に到達し、1961年には、ガガーリンが世界初の有人宇宙飛行に成功した。

　宇宙開発技術は、核弾道ミサイル開発に不可欠であり、この時点ではソ連が米国を核ミサイル技術で凌駕していたとも考えらえる。そこで、米国は1969年に人類初の有人月面着陸飛行を実現するアポロ計画で対抗した。

　1980年代から米ソは核兵器削減を実行している。1989年に冷戦が終結し、1991年にソ連は崩壊した。

　2004年以降、東側諸国はEU加盟を開始し、ロシアから距離を置いた。2010年代も、ウクライナとの衝突、クリミア半島の

併合など、ロシアと隣国との摩擦は続いている。

2000年に、ウラジーミル・プーチンが大統領に就任した。2008〜2012年に首相を務めたが、その後、大統領に復帰した。その任期は2024年までであるが、本書執筆時点（2020年5月）でまだ67歳であるため、さらに最高権力者として君臨し続ける可能性がある。

ロシアは、原油、天然ガスの輸出大国であり、欧米の制裁を受けながらも、経済的には比較的安定している。大陸欧州はロシアの天然ガス依存度が高まりつつあり、ドイツとロシアの関係は比較的近いものがある。こうして、習近平政権が長期化する中国と並んで、プーチンが強力なリーダーシップを発揮するロシアの国際的影響力は徐々に高まっているようにみえる。

2 英国民はEU離脱を選択した

歴史的に大陸欧州と距離を置く英国

2016年の国民投票によって英国のEU離脱が決定し、2017年にEUに通告した。交渉は難航したが、2020年1月末に離脱した。

歴史的に、英国は、大陸欧州よりも米国や英連邦諸国（カナダ、オーストラリア、ニュージーランドなど）との関係が深く、EU離脱は歴史の必然であると考えられる。2016年の国民投票で、賛成51.9％、反対48.1％と僅差であった。しかし、2019年

の総選挙では離脱推進派の保守党が圧勝し、2020年に議会は離脱協定法案を賛成330票、反対231票の大差で可決した。つまり、英国民は熟慮のうえ、EU離脱を選択したのである。

英国は、その歴史的経緯と地理的な特徴から、大陸欧州と異なる要素をもつ。英国の建国は1066年のノルマン王朝成立とされる。

18世紀後半に、綿工業の技術革新が産業革命をもたらした。産業革命の中核は、蒸気機関、鉄、石炭の活用であり、この時期に、英国は農業国から工業国に転換した[30]。19世紀には、その軍事力を背景に、植民地経営に成功した。

1815年にナポレオン戦争で勝利して以来、第一次世界大戦勃発までの約100年間を、パックス・ブリタニカ（英国の平和）と呼ぶ。大英帝国の全盛期は、アジアの植民地支配がおおむね完成した1845年から普仏戦争開戦の1870年までの期間であった[31]。19世紀の英国の外交方針は、「栄光ある孤立」と呼ばれ、欧州諸国と同盟関係を結ばない孤立主義をとった。

1909年当時、大英帝国の領土は全世界の土地・人口の4分の1に及び、これはフランスの植民地の3倍であった[32]。また、政治的に植民地として領有しないが、事実上の経済的植民地化も行われた（例：清、オスマン帝国）[33]。ただし、その後、米国やドイツが台頭し、1914年の第一次世界大戦時には、英国の軍

30　川北稔編『イギリス史』（山川出版社、1998年）252頁。
31　福富満久「英国の中東新戦略「The Middle East：Time for New Realism」とは何か」（中東協力センターニュース　2017年8月）。
32　グレン・ハバード、ティム・ケイン著『なぜ大国は衰退するのか─古代ローマから現代まで』（日本経済新聞出版社、2014年）250頁。

事力や経済力は衰退が始まっていた。

　英国において、欧州とは大陸欧州のことを意味しており、自国を含めないことが多い。1946年に、ウィンストン・チャーチル首相は欧州合衆国の創設を唱えた。これがEU構想の始まりであるが、そのチャーチルは、「われわれは欧州とともにあるが、欧州の一員ではない」と述べている[34]。欧州合衆国とは、国家主権を制限するようなものではなく、国連の地域版のような緩やかなものを想定していたとみられている[35]。

　チャーチルは、英連邦・英帝国・米国の関係を特別な関係と呼んだ。米国はアングロ＝サクソンとして共通の言語、文化を有し、歴史的にも多くの英国人が米国に移住した背景がある。第二次世界大戦後、英国は欧州の孤児と呼ばれ、外交政策では米国との関係を重視していた[36]。

　英国と大陸欧州は、政治や経済体制が大きく異なる。英国は、ウィンブルドン現象に代表されるようにオープンであり、サッチャー政権以後は、経済における政府の関与を最小限にとどめるヴィクトリア朝以前の伝統に戻っている。それに対し、大陸欧州は、手厚い福祉の北欧に代表されるように、経済にお

33　渕元哲「英米帝国の成立および維持に関する社会モデル分析：比較経済社会学の観点から」(『千葉商大紀要』第53巻第1号、2015年10月) 119〜139頁。

34　"We are with Europe, but not of it." Article by Winston S. Churchill in The Saturday Evening Post, 15 February 15, 1930.

35　川崎晴朗「「チューリッヒ演説」の一解釈—チャーチルと戦後の欧州統合運動—」(『外務省調査月報』2004年度／No.1)。

36　青山吉信、今井宏編『新版　概説イギリス史—伝統的理解をこえて』 (有斐閣、1991年) 242頁。

ける政府の関与が大きい傾向にある。

　法制度も大きく異なる。大陸欧州の法制度をシビル・ロー（市民の法）と呼ぶ。これはローマ法が起源であり、その基本思想は、「法は君主が領民を支配するためのものであり、君主が法を決める」というものである。ローマ帝国は多くの民族を束ねるために国王が市民を支配するシビル・ローが必要であった。これが、フランスやドイツで発達した。

　一方で、英国（および旧植民地）の法律はコモン・ロー（判例法、普通法）とエクイティ（衡平法）からなる。国王は「君臨すれども統治せず」という役割をもつ。早い時期に国王の権限を制限し、議会の役割を強化する民主的な制度が確立した。議会は国王も構成員であり、国王であっても法の支配のもとにあることを示す[37]。ビジネス法制も、自由度が高く、柔軟である。このように、英国はEUのなかでは多くの面で異質であった。

独仏不戦がEUのDNA

　EUは、経済統合を軸としながら、外交・安全保障や社会的共通価値観（例：環境）などにおいても幅広い協力関係を目指す。経済・通貨同盟については加盟国が国家主権の一部を委譲し、統一的な通商政策を実施する世界最大の単一市場を形成している。

　EUの面積は米国の半分以下であるが、人口は米国の3.3億人

37　田中琢二著『イギリス政治システムの大原則』（第一法規、2007年）
　7、27頁。

図表 4 - 4　EUの歴史

年	出来事
1952年	欧州石炭鉄鋼共同体（ECSC）創設。西ドイツ、フランス、イタリア、ベルギー、ルクセンブルク、オランダが加盟。
1958年	欧州経済共同体（EEC）、欧州原子力共同体（EURATOM）設立。
1967年	欧州共同体（EC）発足。
1973年	デンマーク、アイルランド、英国がECに加盟。
1981年	ギリシャがECに加盟。
1986年	スペイン、ポルトガルがECに加盟。
1992年	マーストリヒト条約調印。
1993年	欧州連合（EU）発足。
1995年	オーストリア、フィンランド、スウェーデンが加盟。
1999年	欧州単一通貨誕生、ユーロ導入。ユーロ加盟国は11カ国で開始。
2004年	チェコ、キプロス、エストニア、ハンガリー、ラトビア、リトアニア、マルタ、ポーランド、スロバキア、スロベニアが加盟。
2007年	ブルガリア、ルーマニアが加盟。
2013年	クロアチアが加盟。
2020年	英国がEUから離脱（加盟国27カ国）。

出所：EU

を上回る4.4億人である（英国離脱後、以下同じ）。GDPは約2,100兆円と、米国の約2,300兆円を若干下回る水準である（2018年）。

17世紀以降、独仏間では大規模な戦争が繰り返し起こった。その反省から、第二次世界大戦後、両国の経済関係を強化し、不戦同盟を確固たるものにすることにした。1950年に、フランスの外務大臣ロベール・シューマンは、石炭や鉄鉱石の共同管理を提案する「シューマン宣言」を発表した。

これを受けて、1952年に、西ドイツ、フランス、イタリア、ベルギー、ルクセンブルク、オランダが欧州石炭鉄鋼共同体（ECSC）を創設した。これが、1958年に欧州経済共同体（EEC）、1967年に欧州共同体（EC）となった。

1993年に、マーストリヒト条約が発効しEUが発足した。2004年以降、東欧諸国の加盟によって、加盟国数は28となった（英国離脱後、27）。EUの27加盟国のうち21カ国がNATOに加盟している。1999年以降、ロシアを除くワルシャワ条約機構の元加盟国は、すべてNATOに加盟した。こうして、EUは東欧を政治的、軍事的、経済的に取り込むことに成功した。

欧州自由貿易連合（EFTA）は、1960年に、欧州経済共同体（EEC）に参加しなかった7カ国が発足させた。このうち英国、ポルトガル、スウェーデンが、その後EUに加盟し、現在、ノルウェー、スイスなど4カ国で構成される。EU加盟国とEFTA加盟国は欧州経済領域（EEA）を形成している。これにより、EFTA加盟国はEUに加盟することなく単一市場に参加することができる。

EUは世界最大の単一市場

EU加盟の恩恵として、単一市場としての人、物、サービ

ス、資本の移動の自由がある。EUは、域内加盟国における関税、域内市場における競争法、ユーロを通貨とする国の金融政策、漁業（水産）資源、商取引にかかわる共通政策などに関して、加盟国の主権を超えて、排他的な権限をもつ。

1998年に、ECB（欧州中央銀行）が設立され、翌年に単一通貨ユーロが誕生した。2002年に、EU加盟の12カ国が自国の通貨を永久に放棄し、ユーロの紙幣や貨幣の流通が始まった。現在、EU加盟27カ国中ユーロ参加国は19カ国である。ECBはユーロ圏（ユーロを共通通貨として採用する19カ国、大陸欧州主要国をすべて含む）の金融政策を決定しているが、財政政策は一定の基準のもとに各加盟国が独立して実施する。

ユーロ誕生後、EUはさまざまなかたちで域内市場を統合してきた。たとえば、金融におけるシングルパスポート・ルールは、EUいずれかの国で免許・認可をもつ金融機関は、EU全加盟国で支店設立や金融商品の提供が可能となる。

EU域内における人の自由移動を認めるシェンゲン協定は1995年に発効し、EU基本条約に組み入れられた。EU加盟国のうち22カ国とEFTA加盟国4カ国の合計26カ国が、シェンゲン圏を形成している。圏内では、EU市民か域外国の国民かを問わず、旅券検査などの出入国審査が廃止されている。また、EU域外国民に対し、共通のビザ政策が採用されている。

EU加盟国の国民は、他の加盟国に居住し、就業することができるため、労働者の移動は自由である。たとえば、難民がEU加盟国の国籍を取得すれば、EU域内で働くことが可能になる。

移民排斥派が台頭する独仏

　世界的に、難民や移民は増加傾向にある。移民や難民の流入増加につれ、大陸欧州諸国において反ユーロ（EU）、反移民、反イスラムを標榜する右派が台頭している。

　EUへの難民の庇護申請者は2015年の132万人をピークに減少傾向にあるものの、2018年は58万人の庇護申請があった（出所：Eurostat）。申請国別には中東諸国（シリア、アフガニスタン、イラク、パキスタン、イラン）が上位を占め、目的国はドイツとフランス合計でEU全体の42％を占める。

　EUの難民の多くは、積極的に難民を受け入れ、圧倒的な経済力をもつドイツへの移住を求めている。ドイツが難民を積極的に受け入れる理由は、以下の2点である。

　第一に、労働力不足解消にとって有効な手段となる。ドイツの失業率は3.2％と、10年前と比較して半分以下に低下している（2019年）。しかも、合計特殊出生率は1.54（2019年）と低く、人口問題を抱える。

　第二に、大量の難民を生んだ歴史の贖罪という側面がある。1914年のドイツ軍によるベルギー進攻では、約25万人の難民が英国に流入した。ヒトラー政権はユダヤ人を迫害し、大量のユダヤ難民を生んだ。

　こうした反省に立って、ドイツ連邦共和国基本法（憲法に相当）によって政治的に迫害される者に対する庇護権を保障している。基本法16条1項には、「政治的被迫害者は庇護権を享受する」とある。これは、国家の裁量ではなく、難民個人の請求

権として認めている点が画期的である[38]。難民は、衣食住のみならず、ドイツ語教育、職業訓練まで受けることができる。

　メルケル政権は、右派のキリスト教民主同盟（CDU）／キリスト教社会同盟（CSU）と左派の社会民主党（SPD）の大連立政権である。難民の急増により国民支持が大きく低下したため、在任期間15年のメルケル首相は、CDU党首を退任し、首相を2021年に辞任することを発表した。

　フランスでは、右派の国民連合（旧国民戦線）ルペン党首が、2017年大統領選挙でマクロン大統領と争った。2018年に、燃料増税に端を発し、政府に対する抗議運動（黄色のベスト運動）が発生し、政権が不安定化している。

　イタリアでは、極右政党の同盟が反EU勢力として台頭し、移民の受入れにも否定的である。2018年の両院選挙で議席を伸ばし、第一政党である五つ星運動との連立政権が成立した。しかし、総選挙の末、2019年に五つ星運動と中道左派の民主党の連立政権が生まれている。

英国のEUの離脱投票は2回目

　EUに関して、2度の大戦の反省から政治統合を目指す大陸欧州と、経済など実利面を優先する英国ではイデオロギーの違いが大きい[39]。英国はEUの理念に同意したのではなく、大陸

38　昔農英明「リベラルな移民国家における難民保護の質的変容：ドイツの事例から」（「移民政策研究」第3号、2011年）。

39　田中友義「厄介なパートナー、英国のEU離脱世論（Brexit）高まる」（国際貿易投資研究所ウェブサイト「フラッシュ」170号、2013年7月4日）。

図表4−5　EU主要国の対外関係（英国のEU離脱前）

	EU加盟	ユーロ	シェンゲン協定	NATO	自由貿易協定（EEA）
ドイツ	○	○	○	○	○
フランス	○	○	○	○	○
イタリア	○	○	○	○	○
スペイン	○	○	○	○	○
英国	○	×	×	○	○
アイルランド	○	○	×	×	○
スウェーデン	○	×	○	×	○
ノルウェー	×	×	○	○	○
スイス	×	×	○	×	○

出所：EU

欧州の市場開放など経済上メリットがあるとの判断から加盟したという側面が強い[40]。

　1952年にEUの前身が発足したが、英国の加盟が実現したのはその21年後の1973年である。1961年に、英国はEECの加盟申請を行った。1963年にフランスのドゴール大統領が、英国が欧州よりも米国を重視しているとして加盟を拒否した。1967年のEC加盟申請も、フランスに拒否された。英国が加盟したのは、ドゴール退任（1969年）後である。

　21年越しに加盟が実現したものの、早くもその翌年には英国

40　岐部秀光著『イギリス　矛盾の力──進化し続ける政治経済システム』（日本経済新聞出版社、2012年）74頁。

の離脱交渉が始まった。これは、総選挙で保守党から労働党に政権交代したためである。1975年に、ECとの交渉で英国は予算分担の軽減などを勝ち取った。そして、EC離脱を問う国民投票が行われたものの、残留が多数を占めた。つまり、2016年のEU離脱を問う国民投票は2回目であった。

大陸欧州の中核国は、主要なEUの制度にすべて参加しているが、英国など遅れて加盟した国はそうではない。英国は、加盟後もユーロ、シェンゲン協定、EU市民の基本的権利を定めた基本権憲章など、EUの基本的な制度に関して数々の適用除外を行っている。

つまり、英国は、遅れてEUに加盟し、そのうえ、完全には参加していない状態であった。言い換えれば、英国離脱の障害はそれほど大きくなかったのである。

英国EU離脱の理由

英国がEUを離脱した理由として、以下があげられる。

1. 英国のEUに対する財政負担が大きいのに対して、メリットが小さい。
2. EU本部（ブリュッセル）に権力が集中し、数で勝る大陸欧州諸国主導で意思決定が行われている。
3. EUは、労働者の移動の自由を認めているため、賃金の低い移民が増加し、英国の労働者が失業する。

発足当初、加盟国は西側の12カ国であり、各国の経済格差は比較的小さかった。つまり、この時点では、EUは比較的均質な西欧連合であったのである。

図表 4 - 6 　EU加盟国の一人当りGDP上位・下位10カ国（2018年）

	上位10	2018年 （ドル）	GDP 構成比 （％）	人口 （百万人）	下位10	2018年 （ドル）	GDP 構成比 （％）	人口 （百万人）
1	ルクセンブルク	114,234	0.4	0.6	ブルガリア	9,267	0.3	7.0
2	アイルランド	76,099	2.0	4.9	ルーマニア	12,285	1.3	19.4
3	デンマーク	60,692	1.9	5.8	クロアチア	14,816	0.3	4.1
4	スウェーデン	53,873	2.9	10.0	ポーランド	15,431	3.1	37.9
5	オランダ	53,106	4.9	17.1	ハンガリー	15,924	0.8	9.7
6	オーストリア	51,509	2.4	9.0	ラトビア	18,032	0.2	1.9
7	フィンランド	49,845	1.5	5.5	リトアニア	19,143	0.3	2.8
8	ドイツ	48,264	21.3	83.5	スロバキア	19,582	0.6	5.5
9	ベルギー	46,724	2.8	11.5	ギリシャ	20,408	1.2	10.5
10	フランス	42,878	14.8	65.1	チェコ	22,850	1.3	10.7

注：人口は2019年国連推計。GDP構成比には英国分含む。
出所：IMF、国連

　しかし、2004年以降、経済水準が低い東欧諸国が加盟して以降、加盟国間の経済格差が極端に拡大したのである。EUは、労働者の移動の自由を認めているため、東欧諸国から賃金の低い移民が増加し、西側諸国の労働者が失業するおそれがある。

　たとえば、ブルガリア（一人当りGDP9,267ドル、2018年）の労働者が、英国（同42,558ドル）で仕事を得ることは可能である。そして、失業したら、ブルガリアの給料よりも高い失業手当をもらえる可能性がある。そのため、低所得国から英国のような福祉の充実した国への移民が増える。

　ドイツやフランスは、過去、陸続きのロシアと戦った経験がある。両国は移民の流入によるデメリットがあるものの、東欧

諸国を加盟させることによって対ロシア防波堤として、自国の安全保障体制を強化した。つまり、経済より安全保障を優先したのである。

一方、海を隔てた英国では、地理的に、ロシアの脅威は小さい。むしろ、ナポレオン戦争、2度の大戦でロシアと同盟関係にあった歴史をもつ。このため、安全保障上のメリットは小さく、経済的なデメリットは大きい。

英国のEU離脱の最大の障害は、英国の北アイルランドとEU加盟国のアイルランドの国境問題であった。北アイルランドはアイルランド島の面積の16%を占め、残りはアイルランド共和国に属する。アイルランド共和国では、国民の約8割がカトリック教徒である。これに対して北アイルランドでは、プロテスタント（英国国教会）とカトリックの人口が拮抗しており、両者の対立が武力紛争の火種となった。

アイルランド島は、12世紀からイングランドからの侵攻や支配を受けてきた歴史がある。1801年に、英国によって併合されたが、1922年に、南部地域はアイルランド自由国として事実上独立した（1949年にアイルランド共和国成立）。

1960年代以降、南北統一を目指すアイルランド共和軍（IRA）の武力闘争に発展し、1990年代には爆弾テロが激化した。紛争の犠牲者は3,000人を超えるといわれる。

1998年に、ベルファスト合意が成立した。合意事項は、①北アイルランドの自治、自決を目指す、②英国、アイルランドは北アイルランドの領有を主張しない、③住民は両国のパスポートを保有できる、④国境管理を撤廃し共通旅行区域を設定す

る、などである。これらのうち、②〜④は機能しているため、和平は保たれている。

英国とEUの離脱協定によると、2020年末までを移行期間として、英国は暫定的に関税同盟にとどまることができる。しかし、移行期間終了後は、各国と通商協定を締結することになる。北アイルランドは英国とともに関税同盟から離脱するが、北アイルランドに輸入される物品について、EUの規則が限定的に適用される。

ロンドンは国際金融センターであり続ける

金融業は、英国の主要産業の一つである。英国が離脱すると、EUの金融市場へのアクセスが従来どおり維持されない可能性がある。そのため、離脱後、ロンドンの国際金融センターの地位が保てるかが焦点である。

ロンドンの国際金融センターとしての歴史は長い。国際金融センターとしての地位を確立したのが、各国中央銀行が金と自国通貨の交換を保証する金本位制の採用である。

英国は、1817年にソブリン金貨を発行し、金本位制を開始した[41]。1816年の貨幣法に基づいたもので、金とポンドの公定交換レートを定め、1ポンドと等価の金貨を発行したのである[42]。1844年に、銀行券発行額と金準備高を結びつけるピール

41　サイモン・ジェイムス・バイスウェイ「ロンドン金市場の金融史研究、1600-2004年〜とくに両大戦間期に関して〜」(「東北学院大学経済学論集」第177号、2011年) 195〜210頁。
42　松川周二「金本位制・国際通貨制度とケインズ」(「立命館經濟學」56巻特別号8、2007年10月) 48〜78頁。

銀行条例（英蘭銀行条例）が制定され、金本位制は確固たるものになった[43]。これによって、ポンドをもつことは、事実上、金を保有するに等しいことになった。

1871年に、普仏戦争で勝利したドイツ（当時のプロイセン王国）がフランスから得た賠償金を元手に、ドイツも金本位制を採用した。続いて、米国は1873年、フランスは1876年、日本は実質的に1897年に、金本位制を採用した[44]。その結果、ポンドが世界中の貿易や金融取引などで流通する基軸通貨として使われるようになった。

大英帝国の絶頂期は20世紀前半に過ぎたが、国際金融市場の拡大とともに、ロンドンの国際金融センターとしての地位はむしろ高まった。ロンドンでは、ユダヤ系金融資本の自主規制をベースに資本市場法制が整備され、1980年代後半のビッグバンなどによって、世界の金融市場の自由化をリードした。

EU共通の金融法制が整備されたのは21世紀初頭のことである。EUは経済、金融を一体化した法制度の整備を進めた。

1999年には、EU共通の法制度の整備を目指し、金融サービス行動計画を策定した。これにより、EUのなかで最も先進的な英国の制度をベースにしてEUの金融関連法制、規制体系を構築した[45]。

EU加盟国が金融サービス制度をおおむね統一した結果、EU

43　黒田晃生「欧州諸国の金融システム：英仏独の中央銀行と欧州中央銀行（ECB）」（「明治大学社会科学研究科紀要」第42巻第1号、2003年10月）239～255頁。
44　日本銀行金融研究所ウェブサイト「金融研究」巻頭エッセイ第3シリーズ「貨幣に見る近代日本金融史」3-2　金本位制の確立。

の金融センターとしてロンドンの地位が一段と高まった。国際金融センター指数（GFCI）の2020年3月のランキングで、ニューヨークに次いで、ロンドンは2位であり、2007年以降、1位および2位を維持している（東京は3位）[46]。

もちろん、英国のEU離脱によって、ロンドンの地位が低下することは避けられまい。ただし、ロンドンは、EU加盟前から国際金融センターであって、EUに加盟したから国際金融センターになったのではない。

英国の衰退にもかかわらず、ロンドンが世界的な国際金融センターであり続けた理由は以下のとおりである。そして、これらは英国がEUを離脱しても持続しうる条件である。

1．金融のみならず、法律、会計、ITなどにおいて英語に堪能な専門家が集結している。
2．EUのみならず、欧州全域、中東、アフリカ地域における国際金融センターとしての地位を確立した。
3．1986年金融ビッグバンに代表されるように、英国は金融法制改革や金融市場の開放に積極的であった。

国際金融センター指数上位10都市にランクされる欧州の都市は、ロンドン以外ではジュネーブのみで、EU加盟国内に、ロンドンを脅かすような国際金融センターは存在しない。都市機能と証券市場の規模が小さいフランクフルト（人口75万人）や

45　犬飼重仁「序章　欧州に学ぶ―市場法規制システムの理念とイノベーション」（『包括的・横断的市場法制のグランドデザイン―「日本版金融サービス市場法」制定に向けての提言　3　海外事例編』（総合研究開発機構、平成17年））23頁。
46　Z/Yen Group, "The Global Financial Centres Index 27", March 2020.

図表 4 - 7　国際金融センター指数上位10都市（2020年 3 月）

（順位）総合	都市	国・地域	レーティング	（順位）事業環境	人的資本	インフラ	金融セクターの発展度	評判
1	ニューヨーク	米国	769	1	1	1	1	1
2	ロンドン	英国	742	2	2	2	2	2
3	東京	日本	741	—	11	4	10	6
4	上海	中国	740	—	6	9	9	9
5	シンガポール	シンガポール	738	4	5	3	3	3
6	香港	香港	737	3	3	5	6	4
7	北京	中国	734	—	7	11	—	10
8	サンフランシスコ	米国	732	—	13	10	11	—
9	ジュネーブ	スイス	729	8	—	6	7	—
10	ロサンゼルス	米国	723	—	15	—	—	—

出所：Z/Yenグループ、China Development Institute

ダブリン（同135万人）が、ロンドン（同890万人）を代替できるとは考えにくい。このため、離脱後もロンドンが国際金融センターの地位を確保し続ける可能性が高い。

小括：欧州の動揺は続く

英国離脱後のEUは、さらに不安定化するおそれがある。その理由は次のとおりである。

第一に、欧州への移民、難民の流入は続くと予想される。シリアを中心に中東の混乱は続き、これは難民の発生源であり続けよう。その結果、各国で右派の台頭を招き、政治的に不安定な状況が続くことが考えられる。

第二に、英国は、離脱後、大陸欧州との距離をとり、歴史

的、社会的に近しい米国との関係を強化するとみられる。たとえば、英国は、トランプ大統領が強力に推進するイラン制裁や親イスラエル政策などを支持する可能性があり、その場合、中東のパワーバランスが不安定化することが考えられる。

　第三は、ロシアの影響力の増大である。プーチン大統領の長期政権は続くであろう。ロシアは天然ガスをEUに輸出しているが、ドイツに天然ガスを送る海底パイプライン「ノルドストリーム2」なども建設中である。今後、大陸欧州諸国のロシアへの天然ガス依存は増すと見込まれ、これは、プーチン政権の交渉力を高めるものになるであろう。

　2020年代の国際政治の場では、英国と連携を強める米国と、長期政権が続くロシアの影響力が高まろう。そして、習近平政権の長期化により、中国がその経済力を背景に影響力を強めよう。

　一方で、EUは英国を失い、かつEUの中核国であるドイツとフランスの政治的安定性はさらに揺らぐと思われる。また、イタリア、スペインなどは、新型コロナによるダメージが大きく、経済や財政の再建にかなり時間を要すると思われる。

　結果として、EUの国際的地位は低下する可能性がある。そして、それをもたらす要因は構造的であるため、長期化するおそれがある。

第 5 章

世界最強の経済大国を目指す中国

1 華夷思想が支配する中国の外交戦略

華夷思想と中華思想

　1990年代の経済開放以降、中国経済は大躍進を遂げ、現在では世界2位の経済大国としてかつての威光を取り戻そうとしている。その経済力を背景に、国際的な影響も増しつつある。

　習近平国家主席は、2013年の就任直後から、「中華民族の偉大な復興」を中国の夢と位置づける[1]。中国は、1840年のアヘン戦争から1945年の第二次世界大戦終結まで、欧州と日本に侵略された歴史をもつ。これは、中国では「屈辱の100年」ともいわれる。「中華の復興」という言葉には、中華民族が味わった屈辱の歴史が反映されている。本章は、「中華民族の偉大な復興」を軸に、中国を中心とする東アジアの歴史を振り返る。

　中国外交の基本思想を理解するには、華夷秩序を理解することが重要である。これは、中国を世界の中心と位置づけ、それ以外の国々を見下す考え方であり、その思想は現在も生きていると思われる。なお、中国での呼称は、中華思想より、華夷思想のほうが一般的である[2]。

　中国古代文明は、黄河、長江の周辺地域で生まれた。黄河中

1　飯田将史「第3章　漂流する対外政策」（大西康雄編『「習近平政権二期目の課題と展望」調査研究報告書』（アジア経済研究所、2017年）49〜63頁。
2　宮家邦彦「「中華思想」を誤解する日本人」（PHP Online衆知、2013年10月24日公開）。

流域の人は、この地域を「中原・中国」または「中華・中夏・花夏」と称し、周辺の民族や部族に対して、強い優越感を抱いた[3]。

　中華に対する概念は、「夷狄（いてき）」である。自らを特別地域として文化の花咲く地とし、中国の周辺地域の異民族を東夷、北狄、西戎、南蛮（四夷）と呼んだ。日本は、東夷に該当する。夷狄とは、①漢民族でない者、②普遍的な道理を知らない者、という意味がある。つまり、漢民族以外は、辺境の野蛮な人たちという意味である。

　一方、日本側は、中国との関係は対等であるとみなしており、朝鮮よりも上位であるとの認識をもっていた。607年に、聖徳太子（厩戸皇子）が遣隋使小野妹子を通じて、隋の煬帝に対して、「日出ずる処の天子、書を日没する処の天子に致す」という書を送った。その頃、日本では、日本を中心とし、蝦夷・隼人を夷狄、新羅を蕃国、唐を隣国とする、一種の小中華思想が成立していたとされている[4]。

　慕華思想とは、周辺国（四夷）が中国の天子の「徳を慕って」朝貢するというものである[5]。華夷思想、慕華思想という表裏一体の概念が、中国の天下的世界認識である。天下（中国王朝）が統治する中華には、儒教をはじめとする高度な文明が

3　尾形勇、岸本美緒編著『中国史』（山川出版社、1998年6月）14、68頁。

4　北岡伸一、歩兵編『「日中歴史共同研究」報告書　第1巻　古代・中近世篇』（勉誠出版、2014年）405〜425頁。

5　山内弘一著『朝鮮からみた華夷思想』（山川出版社、2003年）5〜6頁。

発達し、周辺の夷狄の地（四夷）が配置された。

紀元前221年に、秦の始皇帝が中国を統一した。紀元前202年に漢王朝が成立した。前漢の劉邦が、紀元前206年に漢王（漢中王）を名乗った。これが漢民族の語源である。

現在の中国の指導者は「中華民族」という言葉を用いる。中華民族の概念は、清王朝から中華民国へ移行する過程で、漢民族以外の諸民族を統合し、民族アイデンティティを形成するために生み出された[6]。中華民族は、中国に住む諸民族をすべて含むが、漢民族中心の概念である。

中国外交・通商の原点は冊封・朝貢関係

19世紀まで、冊封・朝貢関係を維持し、中国は周辺国を属国として間接的に支配していた。漢王朝の時代に、冊封体制を通じて、漢字とその文化が東アジア周辺国にもたらされた[7]。冊封とは、中国皇帝を頂点とし、各国の君主や王を侯に位置づけるものである。

そもそも、豊かな中国には、高度な文明や経済力をもたない遠方の夷狄を直接支配する必要がなかったのである。

冊封体制は漢王朝の時代に成立し、隋・唐時代（6〜8世紀）の中国を中心とした東アジアの国際関係を規律した（冊封体制論）[8]。特に、中国王朝より授与される王号等の爵位を重視

6　鵜殿倫次「「中華民族」の概念をめぐって」（「愛知県立大学大学院国際文化研究科論集」第10巻、2009年）1〜26頁。
7　濱下武志、平勢隆郎編『中国の歴史—東アジアの周縁から考える』（有斐閣、2015年3月）12頁。

する[9]。中国ではこれを天朝体制と呼び、天子（中国）を頂点として冊封と朝貢を基礎とする礼の体系で成り立つ国際関係を指す。つまり、古来、中国には他国との対等な外交という思想はなかった。

冊封体制に位置づけられる国として、朝鮮、ベトナム、琉球（沖縄）などがある。日本は、15世紀初頭の足利義満の遣明使を除いて、冊封・朝貢関係になかった。

本来、「朝貢」とは君臣間の儀礼行為であった[10]。ここから、君臣関係を結び、通商を行うことを朝貢貿易と呼ぶ。周辺国からは中国皇帝の「徳を慕って」、定期的な貢物が献上され、中国皇帝は、下賜品や爵位、官位を賜与する。使者も手厚くもてなし、献上品よりもはるかに高価な土産をもたせて帰した。これにより、皇帝の権威が周辺国にまで及ぶことを示した。

朝貢使節を通じて行われる国家貿易のほか、民間貿易も活発に行われ、唐の都であった長安は国際都市として栄えた。明の時代には、周辺諸国との朝貢関係に基づく国家貿易に一元化され、民間貿易は禁止された。清は、海禁令により民間の海上貿易を禁止していたため（1684年に解除）、西洋の科学技術導入が遅れた。

このように、国家が朝貢関係を通じて、外交と貿易を一元管

8　五井直弘「西嶋定生著「中国古代帝国の形成と構造」」（「社会経済史学」第28巻第4号、1963年）420～428頁。
9　金子修一「アジア世界論の現在」（「駒沢史学」第85巻、2016年）67～75頁。
10　岡本隆司「「朝貢」と「互市」と海関」（「史林」第90巻第5号、2007年）749～771頁。

理することを朝貢一元体制論と呼ぶ[11]。朝貢（貿易）システム論では、中国を中心とするアジア全域の朝貢関係＝朝貢貿易関係を一つのアジアの歴史的体制（システム）と位置づけた[12]。

異民族に侵略され続けた漢民族

中国の歴史は、漢民族と異民族の戦いの歴史でもある。農耕民族である漢民族に対し、北方民族は機動力のある騎馬軍団を率いて、経済的に豊かな中国王朝をたびたび侵略した。さらに、19世紀以降は、欧州列強や日本の侵略を受けた。

シナ・チベット語族は、「私は・学ぶ・歴史を（SVO型）」という語順である。SVO型は、ほかに、インド＝ヨーロッパ語族、東南アジア諸語、サハラ以南のアフリカ大陸の諸言語にみられる[13]。

一方、トルコ、モンゴル、満州、朝鮮、日本などで話される言語は、「私は・歴史を・学ぶ（SOV型）」という語順であり、共通点がある。つまり、日本語は、言語的に、トルコ諸語、モンゴル諸語、満州語、朝鮮語と類似する点があり、「中国」語とは異なる。

遊牧騎馬民族として最初に世界史に登場したのは紀元前9世紀のスキタイである。イラン系騎馬民族のスキタイは、鉄を用

11　中島楽章「14-16世紀、東アジア貿易秩序の変容と再編：朝貢体制から1570年システムへ」（「社会経済史学」第76巻4号、2011年）501〜524頁。

12　濱下武志「朝貢貿易システムと近代アジア　世界システム論」（「国際政治」第1986巻第82号、1986年）41〜55頁。

13　松本克己著『ことばをめぐる諸問題　言語学・日本語論への招待』（三省堂、2016年）96頁。

図表5－1　中国の主要な王朝の歴史

王朝	支配民族	時期
秦	漢民族	紀元前221～206年
漢	漢民族	紀元前206～紀元後220年
魏・呉・蜀（三国）	漢民族	220～280年
晋	漢民族	280～420年
五胡十六国	五胡（**匈奴**、**鮮卑**、羯、氐、羌）、漢民族等	304～439年
南朝の諸王朝	漢民族	420～589年
北魏	**鮮卑**	**439～589年**
隋	**鮮卑**	**589～618年**
唐	**鮮卑**	**618～907年**
五代十国	漢民族、突厥等	907～960年
宋	漢民族	960～1279年
元	**蒙古**	**1271～1368年**
明	漢民族	1368～1644年
清	**女真（満州）**	**1644～1912年**

注：太字は北方民族。
出所：尾形勇、岸本美緒編著『中国史』（山川出版社、1998年6月）等より筆者作成

いた馬具（ハミ、クツワなど）を開発した。これによって、乗馬が容易になった。乗馬は、やがて軍事用に転用され、軍隊の高速移動を可能にした。

　欧州とアジアの騎馬遊牧民は、ユーラシア大陸の東はハンガリーから西は満州に至る広大なステップ地帯を行動範囲とした。スキタイは、ヒッタイトの製鉄技術を継承し、東方に進出した。

製鉄技術は騎馬技術とともにユーラシア大陸の草原地帯に伝播し、モンゴル高原で鉄が矢じりなどの兵器に使われるようになった。モンゴル、トルコ系遊牧民は鉄器と騎馬を使いこなして、強大な軍事力をもつこととなった。

　歴史書である『史記』には、春秋戦国時代（スキタイ時代）に、北狄、西戎と称される異民族について記述されている[14]。紀元前3世紀から登場する北方民族は、匈奴（モンゴル系もしくはトルコ系）である。匈奴の侵入を防ぐため、秦朝は、万里の長城を築いた。

　匈奴は軍事力を背景に冊封体制ではなく対等な外交関係を前漢と結んでいた。紀元前200年、単于に率いられた匈奴は漢の高祖（劉邦）の軍を破り、紀元前198年に和親条約を結んだ。やがて、漢に追われた匈奴は、フンとなって欧州のゲルマン民族の大移動をもたらしたといわれる。

　北方民族による本格的な中国王朝は、隋、唐（モンゴル系もしくはトルコ系の鮮卑族）、モンゴル系の元、満州系の清である。満州族はツングース系（北東アジア、シベリア）の遊牧民である女真族が起源であり、金（1125〜1234年）、そして清（1644〜1912年）を建国した。

　秦から清の時代まで、中国王朝は約2,100年続く。そのうち、漢民族が支配したのは、合計約1,200年であり、上記の北方民族に支配された時期は約700年である（五胡十六国、南北朝、五代十国時代除く）。

14　林俊雄著『遊牧国家の誕生』（山川出版社、2009年）20、56、70頁。

ただし、高度な文明をもつ漢民族を長く支配することは容易でない。結果的に遊牧民は、巨大な国家を統治できなかった。いずれも漢族による反乱が発生して、異民族王朝は滅亡した。

列強による中国の植民地

19世紀に、西欧列強による清の植民地化が進展していく。清と英国との間で、1840～1842年のアヘン戦争、1856～1860年アロー戦争が起こり、いずれも清が降伏した（後述）。1884年に、フランスはベトナムを保護国とした。同年の清仏戦争において清は敗北し、ベトナムの宗主国としての地位を失うことになった。

清の近代化が遅れた理由の一つとして、華夷思想があげられる。ウェストファリア条約によって主権国家の概念が形成された欧州と異なり、中国は周辺国を属国としていたため、国家としての防衛線である国境線の概念があいまいであった。侵略してくるのは北方騎馬民族であったため、万里の長城などの防衛ラインは北方にしかなく、南方に対する備えはなかった。しかし、清の権威が失墜し、西欧列強や日本により周辺国が植民地化されていくなかで、ようやく国境が確定していった[15]。

日本は、白村江の戦い以降、豊臣秀吉の朝鮮出兵、日清戦争、満州事変、日中戦争と、中国や朝鮮半島に侵攻してきた。1894～1895年の日清戦争以降、日本の中国進出が進んだ。日露戦争（1904～1905年）によって、日本は南満州鉄道の権益と旅

15　川島真「近現代中国における国境の記憶―「本来の中国の領域」をめぐる―」（「境界研究」No.1、2010年）1～17頁。

順、大連の租借権を獲得した。この時期から、日本国民のなかには中国を見下すような言動が増える。

1912年に、前年からの辛亥革命により清朝が倒れ、中国初の共和制である中華民国が成立した。1914年に日本が山東省に上陸し、1915年には21カ条の要求を突き付けた。これ以降、中国で反日感情が高まった。

1931年に、日本軍は南満州鉄道を爆破し、それを中国の仕業であるとして、満州を占領した（満州事変）。翌年に満州国を建国した。

1937年に、盧溝橋事件を契機に、日中戦争が勃発した。盧溝橋事件では、当初、事件の不拡大の方針がとられた。しかし、田中進一、武藤章らが唱える対支一撃論（中国一撃論）が陸軍内部で台頭し、戦線は拡大した。対支一撃論は、日本軍による強力な一撃で、中国が屈服し早期講和に持ち込めるとする理論である。

当時、暴支膺懲（残虐な中国を懲らしめる）、防共（共産主義の侵入を防ぐ）の論調がマスメディアで強まった[16]。暴支膺懲は、陸軍のスローガンで中国との戦争を正当化するために用いられた。さらに、中国侵略を正当化するために、東亜新秩序の建設が打ち出された。

日清戦争、満州事変で日本軍は中国軍を短期に撃破したため、日本は中国の軍事力を軽視していた。しかし、局地戦の日清戦争、満州事変と異なり、日中戦争は総力戦となり長期化し

16　戸部良一「日本人は日中戦争をどのように見ていたのか」（「外交史料館報」第29号、2016年3月）1～39頁。

た。首都南京を占領したが、国民政府（蔣介石政権）は首都を重慶に移転し、徹底抵抗した。

日中戦争において、中国軍（中国国民革命軍）の戦没者は132万人に及ぶ。民間人を含めると数百万人の犠牲者があったといわれる。そのため、いまだに、中国には、強い反日感情が残る。

1972年の国交正常化後、日中は友好関係にあった。しかし、1989年の天安門事件では、共産党指導者に対する批判が高まったため、中国政府は歴史教育への介入を強めた[17]。愛国主義教育は、抗日戦争に国共合作で国民党とともに勝利した共産党の正統性を証明するために行われたといわれる。江沢民時代からの愛国主義教育により反日感情が醸成され、現在も根深く残る。

香港の混乱は長引く

2019年に、香港では、犯罪者引渡し条例の改正案をきっかけに、過激な抗議運動が活発化した。中国を後ろ盾にする香港特別行政区政府（香港政府）が民主運動を抑圧することに対して、国際的な批判は強い。しかし中国としては、香港は固有の領土であるため、容易に妥協できない。

中国からみれば、香港と九龍半島は英国から軍事力によって奪われたものである。「はじめに」で述べたように、民主化運

---

17 王雪萍「中国の歴史教育における愛国主義教育の変遷—建国後の「教学大綱」の変化を中心に」（「現代中国研究」第29巻、2011年）51〜71頁。

動を抑圧する香港政府と中国が加害者であるかのごとく報道されることもあるが、中国からみたら異なってみえるのかもしれない。

19世紀に、英国は清にインド産のアヘンを売り付け、多くの中国人がアヘン中毒になった。清はアヘンの輸入を禁止し、アヘンを焼却した。これがきっかけで、1840年にアヘン戦争が始まった。1842年に、南京条約により清は英国に香港島を割譲した。こうして、英国は軍事力により香港支配を開始した。

1860年に、アロー戦争（第二次アヘン戦争）後の北京条約で、清は英国に九龍半島の先端を割譲した。1898年に「新界租借条約」により、英領以外の九龍半島が、1999年までの期限で英国に租借された。

1984年に、返還後の香港に関して、中英共同声明が出された。香港の高度な自治を保障し、返還後50年間、一国二制度を維持することなどが盛り込まれた。

同声明は、二国間合意に基づく条約に位置づけられる[18]。声明の第8項に「本共同声明とその付属文書は同等の拘束力をもつ」とある。実際、中英共同宣言は、1985年に批准され、国連事務局に登録されていることから、法的拘束力のある文書と解することが妥当である。

租借の期限切れにあわせ、1997年に香港（香港島と新界を含む九龍半島）が返還された。本来であれば、香港島と九龍半島

---

18 野口哲也「中国の香港「一国二制度」形骸化政策―中国の行動原理と歴史的中華世界に由来する制度―」（「日本大学大学院総合社会情報研究科紀要」No.20、2019年）135〜146頁。

の先端は英国に永久割譲されたので返還義務はなかった。しかし、香港の面積の約90％を占める新界が返還されると、香港島の水資源の確保などが著しく困難になる。そこで、英国サッチャー首相は香港における英国権益を返還後50年間維持することを条件に、香港の返還を認めた。

　返還後、香港は特別行政区として中国本土とは別制度（一国二制度）により運営されている。「中華人民共和国香港特別行政区基本法（香港基本法）」に基づき、資本主義、中国人民元とは別の通貨（香港ドル）、言論の自由、司法の独立などが高度な自治の対象である。

　英国は、中国に対し中英共同声明の遵守を要求している。しかし、中国は、これは実質的な意味をもたない歴史的文書であって無効との見解を示し、英国の要求は内政干渉と主張している。香港が英国により武力で奪われた地であり、約束を守る必要はないと解釈しているものと推察できる。

　中国が、香港基本法を事実上骨抜きにすることは可能である。2047年に一国二制度が終了するのを見越して、香港を徐々に中国本土流の統治体制に移行させていく方針であろう。中国としては、九龍半島に隣接する深圳同様、香港の経済活動は資本主義、政治・社会体制は共産党支配という体制を想定していると思われる。4,000年の歴史をもつといわれる中国であるだけに、短期的な摩擦は避け、時間をかけて香港を同化していく戦略をとるであろう。

2 　中国とロシアの支援を受ける北朝鮮

朝鮮半島南北分断の長い歴史

　朝鮮半島は、歴史的に統一されていた期間が長く、戦後、南北に分断されたというイメージがある。しかし、実際には、南北朝鮮が統一された期間は短く、北朝鮮が中国とつながる国の支配下にあった時期が長かった。

　長期にわたって、朝鮮半島北部は、高句麗、渤海などと同じ国であった。これは、朝鮮北部、満州、沿海州にまたがって、満州族、朝鮮族などが住んでいたためである。

　新羅以降の各王朝は、中国に朝貢し、冊封体制に組み込まれていた[19]。古代から、朝鮮に移住する中国人は多かった。前漢の武帝は、朝鮮半島の最初の国家である衛氏朝鮮を滅ぼし、中国東北地域から朝鮮半島北部に漢四郡を設置した（紀元前108年)[20]。遼東半島（満州南部）には、中世以降、朝鮮からの移住が多かった。

　紀元前37年に中国東北地域に勃興した高句麗は、朝鮮半島北部に支配地域を拡大した（～紀元後668年）。高句麗が帰属したのは、中国なのか、それとも朝鮮なのかについて論争があるく

19　山内弘一著『朝鮮からみた華夷思想』（山川出版社、2003年）９頁。
20　金光林「高句麗史の帰属をめぐる韓国・朝鮮と中国の論争」（「新潟産業大学人文学部紀要」第16号、新潟産業大学東アジア経済文化研究所、2004年６月）137～149頁。

図表5-2　朝鮮半島の主な歴代王朝

王朝	建国〜滅亡
高句麗	紀元前37〜紀元後668年
新羅	紀元前57〜紀元後935年
百済	紀元前18〜紀元後660年
渤海	698〜926年
高麗	918〜1392年（936年朝鮮半島統一、元や金が支配）
朝鮮	1392〜1910年（統一王朝。ただし、中国や日本の影響下）

出所：外務省

らいである（高句麗論争）。427年に、高句麗の首都が吉林省集安から平壌（ピョンヤン）に移転し、中国による朝鮮半島北部の支配拠点となった。

　隋・唐王朝では、高句麗、百済、新羅の三国との冊封体制が築かれた。その後、新羅が朝鮮半島の大半を支配した時代も、北部は渤海、契丹（遼）などが支配していた。936年に、高麗がおおむね朝鮮を統一したが、金が朝鮮北部を支配していた。

　1259年にモンゴル（元）が高麗を服属させ、朝貢関係を築いた。1356年に、元が朝鮮から撤退し、事実上、朝鮮半島が統一された。1392年に、高麗が滅亡し、統一国家である李氏朝鮮が建国された。1910年の日韓併合で、統一王朝の李氏朝鮮による統一は終わった。つまり、朝鮮半島統一の歴史は554年間にすぎない。

　日韓併合以降、朝鮮人の一部は中国東北部に移動した。中国における「朝鮮族」は、中国東北部の朝鮮人に付与された名称である[21]。朝鮮族の人口は、1907年の7万人から1943年の141

万人へ増加した（2010年現在183万人）。

　35年間の日本統治後、第二次世界大戦後に、北緯38度以北をソ連が占領し、1948年に北朝鮮政府が樹立された。南では大韓民国が成立したが、1950年に北朝鮮が韓国に侵攻し、朝鮮戦争が始まった（1953年に休戦協定締結）。こうして、かつての南北対立の構図に戻った。

米国と対峙する北朝鮮

　現在の北朝鮮の最高指導者は、金正恩国務委員長（朝鮮労働党委員長、朝鮮人民軍最高司令官）である。北朝鮮は、多くのミサイル実験、核実験を繰り返し、世界を挑発してきた。北朝鮮は、核弾頭搭載可能なミサイルの開発を進めており、その射程距離は米本土をとらえるともいわれる。

　これまでの米国や韓国との交渉の過程で北朝鮮が学んだことは、「相手を脅せば譲歩する」ということである。多くの場合、北朝鮮が強硬策に出れば、米国や韓国が譲歩して、恩恵を得られた。

　1985年に、北朝鮮は核兵器不拡散条約（NPT）へ加盟し、1992年には国際原子力機関（IAEA）の保障措置協定にも調印した。しかし、1993年に、北朝鮮は未申告施設に関するIAEA査察受入れを拒否し、NPTから脱退を宣言した。

　1994年の米国クリントン政権時代にジミー・カーター元大統

21　権香淑「朝鮮族の移動と東北アジアの地域的ダイナミズム―エスニック・アイデンティティの逆説―」（「北東アジア研究」第20号、2011年1月）31〜50頁。

領が訪朝し、核査察強化の合意ができた。その結果、米国が軽水炉と重油を北朝鮮に提供することになった。米国が重油を提供したものの、核査察強化は、最終的に実施されなかった。

　韓国の金大中政権（1998～2003年）と盧武鉉政権（2003～2008年）の北朝鮮政策は、太陽政策といわれる。北朝鮮との対話を推進し、経済協力が行われた。太陽政策は、北朝鮮にとって外貨獲得の格好の機会となり、核開発に資金が流用された。

　ブッシュ（子）大統領は、2002年に、北朝鮮を、イラン、イラクとともに、悪の枢軸と呼ぶ一方、北朝鮮に対し、圧力をかけた。2003年より、北朝鮮の核兵器開発問題をめぐり、6者会合（北朝鮮、韓国、日本、米国、中国、ロシア）が開始された。

　2005年の6者会合で、北朝鮮は、核兵器および既存の核計画の放棄を約束した。しかし、2006年には約束を破って、1回目の核実験を実施し、2017年までに、続く5回の核実験を行った。

　こうして、過去の対話はことごとく失敗した。結果として、北朝鮮は経済支援を受けながら、核開発を続けている。

　トランプ大統領は金正恩委員長を「リトル・ロケットマン」と呼び、非核化に向け、武力行使を辞さない姿勢を示した。2018年には、史上初の米朝首脳会談が実施され、完全な非核化に向けた意思が示された。ただし、具体的な進展はみられていない。

　北朝鮮は、中国やロシアによる外交的、経済的な支援を受けている。こうした良好な関係は、かつての東西冷戦時代からの友好関係継続の結果でもある。しかし、同時に、現在も中国や

ロシアにとって、北朝鮮を支援する動機が存在する。このため、北朝鮮の威嚇行動は容易に終わらないと考えられる。

北朝鮮の体制維持は中国の利益

北朝鮮は、中国からの強い影響と庇護を受けてきた。中国は、米国から厳しい圧力を受けながらも、要所で北朝鮮を支援してきた。それは、中国の安全保障上、北朝鮮の現体制維持が望ましいからであると考えられる。

北朝鮮は経済的には苦しい状況にある。北朝鮮の経済規模は、400億ドル（購買力平価、2015年）で、世界117番目である。最大の輸出相手国は中国であり、輸出の86％を占める（2017年）。一人当りGDPは、1,700ドル（購買力平価、2015年）と世界214位であり、アフリカの途上国並みである。これに対して韓国は、3万9,500ドル（同、2017年）と北朝鮮の20倍を超える。

北朝鮮は、先軍思想により、軍に人的・資金的資源を投じており、兵力は、128万人である（出所：ミリタリーバランス2019）。2019年度の国防費が国家予算の15.8％を占めると発表しているが、実際は、一部にすぎないとの見方もある[22]。

中国にとって、金体制の維持は重要であると考えられる。その教訓は、1990年のドイツ統一である。統一とはいえ、事実上、西ドイツが東ドイツを吸収合併した。このため、ワルシャワ条約機構の一員だった東ドイツは、NATOに加盟するドイツに組み込まれた。その結果、当時のソ連の同盟国であった東

---

22 防衛省「令和元年版 防衛白書」（2019年10月）92頁。

ドイツは、西ドイツに吸収されるかたちで米国の同盟国になった。

仮に、北朝鮮が内部から崩壊すれば、経済力や人口を考えると、韓国主導で朝鮮半島が統一される可能性が高い。それは、事実上、韓国による北朝鮮の吸収合併となろう。

ドイツと同様に、韓国主導で朝鮮半島が統一されると、米韓相互防衛条約に基づいて、米国が中国国境に近い北朝鮮に軍事基地を建設することがありうる。つまり、首都北京から約700キロメートルの場所に米国の核ミサイルが設置される可能性が生まれることになる。それは、中国の安全保障体制を大きく揺るがすことになりかねない。

異民族から侵略され続けた歴史をもつ中国が自国を守るには、周辺地域を衛星国として勢力下に置くことが有効である。特に、日本や米国に対する防衛という観点からは、北朝鮮の金体制が続き、中国の影響下にあることが、中国の国益にかなうのである。

北朝鮮の高度な軍事力のルーツはソ連

世界の最貧国の一つである北朝鮮が、核兵器とそれを運搬する大陸間弾道ミサイルについては、高度な技術をもつことは驚きでもある。こうした技術は、いずれも冷戦時にソ連から提供されたものであり、北朝鮮のミサイルと核開発の技術水準はすこぶる高い。

ソ連は、北朝鮮の成立に深く関与してきた[23]。1945年に、ソ連が金日成を初代指導者として立て北朝鮮が誕生した。前述の

ように、戦後、ソ連のミサイル技術は米国をしのぐものであった。この技術が、北朝鮮が使うスカッドミサイルの原型となった。

1954年に、北朝鮮の核開発が開始された。1956年に、北朝鮮はソ連と原子力開発協定を結び、原子力発電の開発を始めた。これがウラン濃縮技術開発を可能とし、核兵器に転用された。1970年代末頃から、軍事利用が疑われる核開発が本格的に進められた[24]。

1990年代のソ連崩壊、ロシア危機などの混乱期に、北朝鮮がソ連の核技術を導入したといわれる。さらに、旧ソ連時代から軍事産業が発達したウクライナは、2010年代に入って内戦状態にある。混乱に乗じて、ウクライナのミサイル技術が北朝鮮に提供されたとの説もある。

ロシアにとって、北朝鮮との関係はソ連時代に比べ希薄になっている[25]。ただし、2000年のプーチン大統領就任以降、関係改善が進んだ。

ロシアとしては、国防上、北朝鮮が親ロシアであり続けることは重要であり、北朝鮮が日本や韓国に反発している状況は好

23　名越健郎「ロシアの東アジア政策と露朝関係」（平和政策研究所「IPP分析レポート」No.6、2016年2月10日）。

24　久古聡美、内海和美「北朝鮮の核問題をめぐる経緯─第1次核危機から米朝首脳会談まで─」（「調査と情報─Issue Brief─」第1009号、2018年7月12日）。

25　兵頭慎治「第6章　ウクライナ危機後のロシアの対北朝鮮政策─露朝関係は戦略的に深化するか─」（日本国際問題研究所編「平成26年度外務省外交・安全保障調査研究事業（総合事業）　朝鮮半島のシナリオ・プランニング」2015年3月）63〜71頁。

ましい。北朝鮮国境から唯一の太平洋側の不凍港であるウラジオストクまでの距離は140キロメートルしかない。ウラジオストク防衛のためにも、北朝鮮の重要性は高い。

さらに、北朝鮮が米国の安全保障上のリスクとなる場合、米国は、欧州や中東に加えて、極東にも軍隊を派遣する必要が生じる可能性がある。つまり、米国が多正面作戦を強いられるリスクが生まれる。米国の地中海艦隊が手薄になれば、ロシアはクリミア半島やシリアに軍港をもつため、中東政策などにプラス効果を生む。

以上を総合すると、経済的に苦しい北朝鮮であるが、中国やロシアにとって、金正恩体制が続くメリットは大きい。さらに、米国としても、中国との経済摩擦を抱えているため、北朝鮮と中国とに同時に厳しく対立することは適切でない。

日韓対立の歴史

歴史的に、日本は朝鮮半島での戦いを繰り返してきた。660年に、百済は新羅に滅ぼされたが、百済の残党が国家再興を試み、中大兄皇子（天智天皇）がこれを支援した。663年の白村江の戦いでは、朝鮮半島をめぐる覇権争いに、日本が軍事介入した[26]。しかし、新羅・唐連合軍が完勝した。

豊臣秀吉の朝鮮出兵は、明の征服を目的に朝鮮半島を侵攻した（1592年の文禄の役、1597年の慶長の役）ものだが、1598年に、秀吉の死去に伴い、撤退した。

26　林吉永「朝鮮戦争と日本─日韓関係史の視点から─」（『防衛省戦史研究年報』第 9 号、2006年 3 月）。

1871年に、清と日本は国交を樹立する日清修好条規を締結したが、朝鮮は日本との国交を拒んだ。1875年に日本の軍艦が朝鮮半島の江華島付近を航行し、戦闘となった（江華島事件）。翌年、日朝修好条規が締結され、朝鮮は開国したが、朝鮮にとって不平等な内容であった。

　その後、日本は武力で朝鮮を支配下に置く。朝鮮半島の利権をめぐって、1894年に日清戦争が勃発した。日本が勝利し、朝鮮は清からの独立権を得た。1904年に日露戦争が勃発し、1905年のポーツマス条約で、朝鮮における日本の優越権が認められた。

　1909年に、前韓国統監の伊藤博文が安重根に暗殺された。1910年の韓国併合条約で、韓国は日本に併合された（日韓併合）。

　現在、徴用工問題が日韓関係悪化の要因となっている。徴用工は、戦時中、日本企業で労働に従事した朝鮮半島出身者を指す。募集（1939年）、官斡旋（1942年）、徴用方式（1944年）の3方式がとられ、1942年の官斡旋から強制労働の面がみられた[27]。しかし、韓国側はいずれも強制労働であるとの認識である。

　2018年に、韓国の司法は徴用工の請求を認め、複数の日本企業に対し慰謝料の支払を命じた。日本政府としては、1965年の日韓請求権・経済協力協定によって請求権に関する問題が完全かつ最終的に解決されたと認識しており、徴用工の請求権は

27　李炯喆「植民地下の朝鮮人たち」（「長崎県立大学国際社会学部研究紀要」第3号、2018年）1〜11頁。

いっさい認めていない[28]。

　日本は韓国に対する戦後賠償として、1965年の日韓請求権・経済協力協定により５億ドルの経済協力を行った。同時に、韓国は財産・請求権を永久に放棄した。本来は、この５億ドルで徴用工や慰安婦に対し賠償を行うべきだったとも考えられる。

　しかし、後述の日本の植民地政策は、依然として韓国側に大きな傷跡を残しており、必ずしも理屈どおりに事は運ばない。国際法的には日本の主張が正しいのは明らかであるが、香港をめぐる中英交渉同様、韓国としては、必ずしも理性的に対応することが容易とは限らないと考えられる。

植民地政策の国際比較とその教訓

　英国は多くの植民地を世界につくったが、その旧植民地と英国の外交関係は比較的良好である。一方で、日本と韓国の関係は良好とは言いがたい。日本の植民地政策が、英国と比較して巧みでなかったことが要因の一つであると考えられる。

　欧州列強は、15世紀の大航海時代から植民地支配に乗り出したので、他国を支配する経験値は高い。欧米列強は、フランスなど一部を除き、本国に植民地を同化せずに支配した。

　とりわけ、大英帝国の植民地政策は、都市国家ローマ時代の分割統治を応用したものであった。紀元前４〜３世紀にイタリア半島を統一した都市国家ローマでは、半島内の都市国家とそれぞれ同盟関係を締結した。①同盟市、②自治市、③植民市の

28　外務省「ファクトシート『旧朝鮮半島出身労働者問題とは？』」（平成30年11月19日）。

3種類に分け、分割統治が行われた[29]。

　紀元前2世紀には、その支配地は、地中海全域に及んだ。イタリア半島以外に獲得した植民地について、属州単位で、ローマから担当官が派遣され統治する方法が採用された。

　支配者による植民地での同化政策は、コストが高くつく場合が多い[30]。同化するための行政コストが大きいのに加えて、現地の反乱などを招きやすく、軍事的なコストも大きい。

　その点、大英帝国は、米大陸、インド、南アフリカ、オーストラリアなどについては、早い時期に、現地に権限を移譲した。人口が多く、支配地域も広大であったことが理由である。英国が完全に支配したのは香港のみであった。オランダ、ドイツなども同様に権限移譲した。

　一方、フランスは、アルジェリア、セネガルなどにおいて、同化政策をとった。植民地を本国の延長として扱い、フランス式の教育が実施された[31]。これは、「フランス文明」に対するプライドが高かったのと、植民地が未開発のアフリカが中心であったからである。ムスリム国家に対して同化政策を実施した結果、フランスにおけるイスラム教徒の人口は欧州で最も高い。このため、フランスに反発を覚えるイスラム過激派によるテロが多発している[32]。

　植民地経営のノウハウに乏しい日本は、コストのかかる同化

29　島田誠著『古代ローマの市民社会』（山川出版社、1997年）15〜16頁。
30　山本有造「植民地統治における「同化主義」の構造—山中モデルの批判的検討—」（「人文學報」83号、2000年）57〜73頁。
31　宮本正興、松田素二編『改訂新版　新書アフリカ史』（講談社現代新書、2018年）355〜362頁。

政策を採用した。その背景には、近代国家の形成が遅かったことがあげられる。江戸時代の日本では、文化や言語の共通性が緩やかながらみられるものの、藩による分権支配が中心であったため、国民意識に欠けていた[33]。たとえば、統一通貨、標準語、政府軍がつくられたのは明治時代のことである。

明治維新により、国民意識の形成と中央集権化を急ぐ日本にとって、天皇を親（頂点）とし、帝国臣民を子として擬制する家族国家観の浸透が必要であった[34]。そのため、日本は、国民国家形成と植民地政策を同時に進行させた。

1895年に台湾、1910年に韓国、1931年に満州と植民地を拡大していった。こうした植民地では、日本国民としての一体性を図るため、同化政策が実施された。

第二次世界大戦期は、朝鮮、台湾などで皇民化政策が実施された。皇民化政策では、各国の公用語、国旗の掲揚は禁止され、日本語教育が施された。神社参拝、天皇崇拝、宮城遥拝（皇居に向かった敬礼）、徴兵、徴用などを強制した。そして、朝鮮の姓から日本姓に改名する創氏改名を強要した。

日本は特に韓国に対して過酷な植民地支配を行ったため、現在でも、朝鮮人労働者の強制連行、慰安婦問題などについて、韓国側の強い反発が残る。このように、日本からみると、徴用

---

32 「欧州でイスラム過激思想に感化されたテロが多発する要因」「国際テロリズム要覧（Web版）」（公安調査庁ウェブサイト）。

33 塩川伸明著『民族とネイション─ナショナリズムという難問』（岩波書店、2008年）81頁。

34 渕元哲「帝国空間における『同化政策』の社会モデル分析」（「千葉商大論叢」第56巻第3号、2019年3月）141～155頁。

工や慰安婦問題における韓国の態度は理解しづらいが、これも、歴史的な背景がいまも大きな影響を与えている。

3 米中摩擦の長期化は不可避

盤石の基盤をもつ習近平

「中華民族の偉大な復興」という目標に沿って習近平は経済、外交政策を運営している。これは、必然的に、中国が世界最大の経済大国である米国と正面から衝突するリスクがあることを意味する。

2013年に国家主席に就任した習近平（清華大学出身、父は習仲勲元副首相）は強力なリーダーシップをもつ。最高指導者は、国家主席（政府のトップであり、国家元首）、中国共産党総書記（党のトップ）、党と国家の中央軍事委員会主席（軍のトップ）の四つの職を兼任する。ただし、日本の国会に相当する全国人民代表大会が、建前としては最高の国家権力機関である。

国家主席と副主席の任期は5年であり、一度だけ再任可能であったが（2期10年間）、2018年の憲法改正により、任期は撤廃された。日本の総理大臣に相当するのは国務院総理（李克強）であり、中国国務院は最高国家行政機関である。

中央政治局常務委員会は、中国共産党の最高指導組織の一つであり、実質的な最高意思決定機関である。常務委員会（委員は7名）において選出される総書記が現在の中国共産党最高指

導者となる。国家目標やスローガンなどの政策的枠組みも、そこで提示される。

　慣例により、常務委員の定年は68歳となっている（5年に1度の共産党大会時点）。政治局常務委員はいずれも60代であり、習近平の有力な後継者は見当たらない。2020年に67歳になる習近平は、2022年に再任され、2027年までトップにあり続ける可能性が高い（その時点で74歳）。

　中国はアヘン戦争を機に、諸外国の侵略を受け、衰退した。さらに、第二次世界大戦後も、大躍進の失敗や文化大革命などの混乱によって、経済力は弱体であった。これは、中華を自称する国にとっては、大きな屈辱である。

　習近平主席が目指すものは、アヘン戦争での敗北以来170年余にわたり屈辱の歴史を背負わされてきた中華民族がかつての輝きを取り戻すことである[35]。2017年の第19回中国共産党大会において、党規約に、習近平思想が、マルクス・レーニン主義、毛沢東思想と並んで「党の指導理念」と位置づけられた。そして、2021年の中国共産党創設100周年、2049年の建国100周年を「二つの百年」として、「中華民族の偉大な復興」を実現するとしている。

強大な経済力を背景とする一帯一路構想

　「中華民族の偉大な復興」を実現するための戦略の一つが、一帯一路構想である。2013年に、習近平主席はシルクロード経

---

[35]　第256回国際政経懇話会「中国とはいかなる存在か」（メモ）（講師：渡辺利夫、文責：日本国際フォーラム、2013年6月27日）。

済ベルト構想（一帯一路）を提唱した。シルクロードは総距離約8,700キロメートルに及ぶ交易ルートであり、漢の時代以降、当時、世界最大の都であった長安と、中央アジア、中東、欧州との交易ルートであった。

一帯一路は、①シルクロード経済ベルト、②21世紀海上シルクロードベルト、で構成される[36]。この構想は、東西の欧州経済圏をつなぐとともに、中国と隣り合う中央アジアと中東との経済関係を強化する意味合いもある[37]。

かつてのシルクロード同様、欧州、中央アジア、アフリカ、そして、中国を鉄道や海運ルートで結ぶことが計画の中核にある。中国は、ラオス、カンボジアに対して経済協力を積極的に行い、これらを親中国化することに成功している。同様に、経済水準が高くない東欧、中央アジア、アフリカを親中国化するねらいもあるとみられる。

世界銀行の推計では、これまでに、70カ国（中国を除く）の経済回廊との間で実施および計画されているプロジェクトは5,750億ドル（約63兆円）の規模に及ぶ[38]。167の国・国際機関が協力文書に調印している（2019年末）。

---

36 李立凡「4章 「一帯一路」構想を背景とした中国と中央アジアのエネルギー協力」（上海社会科学院・日本貿易振興機構アジア経済研究所編「「一帯一路」構想と中国経済」（アジア経済研究所、2017年3月））。

37 国家発展改革委員会外交部商務部（国務院の権限を受けて発布）「シルクロード経済ベルトと21世紀海上シルクロードの共同建設推進のビジョンと行動」（中華人民共和国在日本国大使館ウェブサイト、2015年3月30日）。

38 The World Bank Group "Belt and Road Economics: Opportunities and Risks of Transport Corridors", June 18, 2019.

資金源として、中国が主導して設立したアジアインフラ投資銀行（AIIB）が主要な役割を果たす。AIIB参加国は102カ国に拡大し、出資額11兆円（967億ドル）のうち、中国、インド、ロシアで46％を占める。

その一方で、一帯一路に対しては、欧米から批判があり、修正を迫られている[39]。借入金の返済に行き詰まったスリランカ政府がハンバントタ港の運営権を99年間中国企業に引き渡したことをきっかけに、「中国債務の罠」問題が発生した。「中国債務の罠」とは、インフラプロジェクトで支援を受けた国が対中債務を返済できなくなり、中国の政治的影響下に置かれることを指す。一帯一路の沿岸諸国のうち、モンゴルやパキスタンなど8カ国が深刻な債務リスクに陥っていると指摘された[40]。

長期的には、中国が米国を抜いて世界最大の経済大国になることは確実であり、一帯一路を通じて、ルート上にある国々に対して中国の影響が高まることは避けがたい。ただし、中国はこれらを支配下に置くことが目的ではなく、かつての朝貢外交と同様、これらの国々が中国に敬意を払い、中国を中心とする経済圏を確立することを目指していると思われる。

---

[39]　河合正弘「第1章　一帯一路とユーラシア新秩序の可能性」（科学技術振興機構、中国総合研究・さくらサイエンスセンター編『一帯一路の現況分析と戦略展望』2019年5月）10〜29頁。

[40]　John Hurley, Scott Morris and Gailyn Portelance, "Examining the Debt Implications of the Belt and Road Initiative from a Policy Perspective", CGD Policy Paper 121, March 2018.

世界最大の経済大国の座を争う米中

2018年以降、米中経済摩擦が激化し、世界の経済や金融市場を大きく揺るがしてきた。以下の要因から、米中摩擦は想定以上に長期化し、今後も世界の金融市場の大きな波乱要因となる可能性がある。

第一に、米中貿易収支が極端な不均衡にある。米国の対中輸入金額は50兆円、対中輸出金額は12兆円であり、米国の赤字は38兆円にのぼる（2019年）。これは、中国が米国から輸入を多少増やした程度では解決せず、貿易不均衡は長期化するおそれがある。

第二に、中国経済は高成長を続けており、2030年前後に、米中経済規模が逆転する可能性が高い。さらに、人口は、米国が約3億人であるのに対して、中国は約14億人と4倍以上である。このため、GDPの規模で中国が米国を抜いた後は、米中経済力格差が拡大する可能性が高い。経済規模は防衛力や国際政治力に大きな影響を与えることがあるため、米国の危機感が生じている。

第三に、中国ハイテク企業の国際競争力が急速に高まっている。これが、米国企業に対して脅威になり始めている。たとえば、中国最大の通信機器メーカー、ファーウェイのスマートフォンの世界シェアはついにアップル、サムスン電子を抜いて1位である（2020年第2四半期、出所：IDC）。

2015年に公表された「中国製造2025」は、ITやバイオテクノロジーなど10の重点分野を定め、製造業を強化するための10

図表5-3　中国の名目GDPの見通し

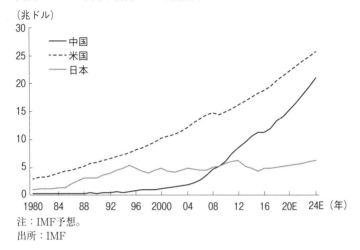

（兆ドル）

凡例：
中国
米国
日本

注：IMF予想。
出所：IMF

カ年計画である[41]。2018年に、米国はその撤回を求めたが、中国は、「中国製造2025」にかわる政策として、「産業インターネット」を打ち出している[42]。

　以上を総合すると、米中摩擦はかなり長期化すると予想される。米中経済規模が2030年前後に逆転するとすれば、米中摩擦も2030年前後にかけて、さらに激化することが予想される。

長期化する米中貿易摩擦

　米中経済摩擦の将来を展望するうえで、参考になるのが

41　研究開発戦略センター海外動向ユニット「「中国製造2025」の公布に関する国務院の通知の全訳」（科学技術振興機構・研究開発戦略センターウェブサイト、2015年7月25日）。
42　金堅敏「中国の次世代産業政策の変化〜「中国製造2025」から「産業インターネット」へ〜」（富士通総研ウェブサイト、2019年9月4日）。

図表5-4　米国の国別貿易赤字の推移　　　　　　（単位：十億ドル）

	対日本	構成比 （％）	対中国	構成比 （％）	全体
1980年代後半	−258	38.5	−14	2.1	−670
1990年代前半	−259	49.9	−94	18.1	−519
1990年代後半	−300	28.1	−249	23.3	−1,068
2000年代前半	−363	14.5	−556	22.2	−2,503
2000年代後半	−376	10.1	−1,190	31.9	−3,729
2010年代前半	−341	9.7	−1,547	44.0	−3,515
2010年代後半	−343	8.6	−1,855	46.3	−4,006
2019年	−69	8.1	−346	40.5	−853

出所：Census

1970～2000年頃の日米経済摩擦である。日米摩擦の中核は、貿易交渉であったものの、同時に、米国は市場開放を求めて、日本の経済制度や社会的構造問題について大きく変革することを迫った。同様のことを、現在、米国は中国に対して行っている。

　米国は世界最大の経済力をもつため、中国からの輸入停止は有効な制裁手段となりうる。2019年度国防権限法において、米国の政府機関がファーウェイ、ZTEなど特定5社を含む中国企業製品の購入・利用などを禁止している。米国商務省は、ファーウェイ製品に用いられる米国製の製品やソフトウェアを輸出することを事実上禁止する措置（政府の許可なしに輸出不可）を発効させた[43]。

　2019年に、米国の要請を受け、犯罪人引き渡し条約に基づき、カナダはファーウェイの孟晩舟CFO（任正非創業者兼CEO

の娘）を逮捕した。米国の制裁措置に違反するイランとの取引を行ったとして、米国司法省は国際緊急経済権限法（IEEPA）違反の疑いで孟晩舟CFOを起訴した[44]。さらに、米国司法省は、ファーウェイに対し米国企業のTモバイルからロボット関連技術を窃盗したとして刑事訴訟も起こしている[45]。

これは歴史の繰り返しでもある。日米貿易摩擦が激化した1980年代には、自国のハイテク産業を守るため、日本企業がターゲットになった。

1982年のIBM産業スパイ事件では、IBMの機密情報を入手した日立製作所と三菱電機の社員計6名が米国で逮捕された。これは、連邦捜査局（FBI）によるおとり捜査によるものであり、国家の意思によるものであったともいえる。

1987年には、東芝機械がココム規制対象商品をソ連に不正輸出していることが明らかになった。冷戦下で、ココム（対共産圏戦略物資輸出統制委員会）が設けられ、自由主義諸国から共産主義諸国への輸出規制が行われていた。東芝機械の不正輸出問題は、日米の外交問題に発展し、米国議会を中心に東芝バッシングが起こった。結果として、東芝機械の社員2名が逮捕さ

43　U.S. Department of Commerce, "Department of Commerce Announces the Addition of Huawei Technologies Co. Ltd. to the Entity List", May 15, 2019.

44　Department of Justice, "Chinese Telecommunications Conglomerate Huawei and Huawei CFO Wanzhou Meng Charged With Financial Fraud", January 28, 2019.

45　Department of Justice, "Chinese Telecommunications Device Manufacturer and its U.S. Affiliate Indicted for Theft of Trade Secrets, Wire Fraud, and Obstruction of Justice", January 28, 2019.

れ、東芝の会長、社長が辞任した。

　日米経済摩擦は、日本企業が米国企業にとって脅威となった1970年代に深刻化し、その後約30年間続いた。しかし、2000年前後に、日本企業が米国企業にとって脅威ではなくなったため、日米経済摩擦は終わった。

　歴史が繰り返されるとすると、米国は、中国企業が米国にとって脅威でなくなるまで、厳しい圧力をかけ続けることになろう。しかし、中国の人口は日本の10倍以上あるため、国内市場が大きい。さらに、共産党独裁の政治体制であり、経済や企業活動を統制できるため、米国による制裁に対しても国家が企業を支援、保護することも考えられる。したがって、日本と比較して、中国は米国の圧力に対する耐性が強いと思われる。

　経済規模が大きくなれば、必然的に、中国の国防費が増加し、米国にとっての脅威は高まるであろう。さらに、前述のように中国共産党独裁体制は、米国建国の価値観と相いれない。価値観が異なる中国の膨張を米国が見過ごすはずもなく、結果として米中摩擦は長期化するとみられる。

小括：米国と中国が本格的に衝突することはない

　米中摩擦が長期化するのであれば、両国の決定的な対立、ひいては軍事衝突を生むことも想定される。約10年後には、中国の経済の規模が米国のそれを上回る見通しであるため、両者の激突は不可避であるように思われる。

　しかし、歴史を顧みれば、両国は決定的な対立関係になることを避けると考えられる。米国の外交のDNAは、モンロー主

義に代表される孤立主義である。現在も、米国は、世界最大の経済力と軍事力、豊富な資源と食糧生産力、広大な土地、3億人を超える人口と先進国最大の人口増という好条件を有する。よって、他国を侵略する動機に乏しい。

イラク戦争では4,432人、アフガン戦争では2,353人と多くの米軍戦死者を出した（2020年3月2日時点、出所：米国国防省）。そして、帰国後、多くの兵士が精神疾患となり、社会的コストが高まった。いまもなお、これらの傷が癒えておらず、米国としては在外国防軍を撤退する政策をとり続けている。トランプ大統領は、在外米軍削減を公約としており、実際にその方針を実行しようとしている。

さかのぼると、1950年代の朝鮮戦争の米軍死者数は約3万7,000人、1960〜1970年代のベトナム戦争では約5万8,000人であった（出所：米国議会調査局）。冷戦が終結したいま、遠く離れたアジアで、米国にとって、中国と対峙して青年の命を危険にさらす動機は乏しい。

他方、中国の外交のDNAは華夷思想である。朝貢関係、冊封体制の思想をもつ中国は、夷狄の地域を直接支配する発想がなかった。人口が多く、経済的に繁栄し、東アジアの文明の中心地である中国にとって、高度な文明をもたない外国を支配する動機が存在しなかったのである。そして、隣国を除き、中国がアジアやアフリカで植民地支配をすることはなかった。

中国の軍事力は増強されてはいるが、世界中に軍隊を配備し、かつ実戦経験が豊富な米国とは、戦力において比較にならないほどの格差があると思われる。そのため、中国が米国を挑

発するような軍事行動に打って出る可能性は低い。さらに、地理的に距離がある両国にとって、互いを軍事的に攻撃する動機は存在しない。よって、両国が軍事的に衝突する可能性は低いであろう。

　前述のとおり、米中摩擦が深刻化することはありえよう。両国関係が極端に深刻化した場合、世界の株式相場が急落し、世界最大の株式市場をもつ米国の金融システム、そして経済に大きな悪影響が出ることもありうる。しかし、これらは米国にとって避けねばならないことである。したがって、米国としても決定的に関係を悪化させかねない措置は、今後も回避するであろう。

　以上を総合すると、米中経済摩擦は長期化し、場合によっては深刻化しよう。しかし、偶発的な事象が発生しない限り、両国は決定的な対立に至らないであろう。そして、米中摩擦を乗り越えて、2020年代に中国が米国と並ぶ経済大国になろう。

第 6 章

中東は世界の火薬庫

中東はアジア、アフリカ、欧州の結節点

世界の火薬庫は東欧から中東に移った

　地理学者のハルフォード・マッキンダーは、世界の大国が衝突する地域として、東欧の重要性を指摘した（第2章参照）。東欧のバルカン半島は、当時、世界の火薬庫と呼ばれた。

　一方で、マッキンダーが活躍した20世紀初頭における中東の重要性は低かった。中東では石油生産は開発途上であり、イスラエルは存在していなかった。そして、サウジアラビアはオスマン帝国の支配下にあった。

図表6−1　中東と北アフリカの人口上位10カ国

	国	人口 （万人）	GDP （十億ドル）	オイル生産量 （千バレル／日）
1	**エジプト**	**10,039**	**250**	**668**
2	トルコ	8,343	771	73
3	イラン	8,291	446	4,456
4	**アルジェリア**	**4,305**	**174**	**1,577**
5	スーダン	4,281	34	98
6	イラク	3,931	224	4,616
7	アフガニスタン	3,804	20	0
8	**モロッコ**	**3,647**	**119**	**0**
9	**サウジアラビア**	**3,427**	**787**	**12,419**
10	**イエメン**	**2,916**	**28**	**34**

注1：人口は2019年国連推計。GDP、オイル生産量は2018年。
注2：スンニ派のアラブ人が中心の国は太字。
出所：国連、IMF、EIA

図表6－2　日本株歴代下落相場（上位10要因）（TOPIX、2019年末時点）

	株価下落要因	高値（円）		安値（円）		下落率（％）	下落期間
1	バブル崩壊（～湾岸戦争）	2,884.80	1989年12月	1,102.50	1992年8月	−61.8	2年9カ月
2	リーマン・ショック（～東日本大震災、ユーロ危機）	1,816.97	2007年2月	695.51	2012年6月	−61.7	5年4カ月
3	ドッジ不況	22.06	1949年5月	9.59	1950年7月	−56.5	1年2カ月
4	ITバブル崩壊（～アフガン戦争、イラク戦争）	1,754.78	2000年2月	770.62	2003年3月	−56.1	3年1カ月
5	金融危機（～アジア危機、LTCM危機）	1,722.13	1996年6月	980.11	1998年10月	−43.1	2年4カ月
6	日本列島改造ブーム崩壊（～第一次石油危機、変動相場制突入）	422.48	1973年1月	251.96	1974年10月	−40.4	1年9カ月
7	40年不況	126.59	1961年7月	81.29	1965年7月	−35.8	4年
8	スターリン暴落	42.18	1953年2月	28.46	1953年4月	−32.5	2カ月
9	円高（1ドル79.75円）	1,712.73	1994年6月	1,193.16	1995年6月	−30.3	1年
10	第二次石油危機	603.92	1981年8月	511.52	1982年8月	−15.3	1年

注：太字は中東要因。
出所：日本取引所グループ

　しかし、第二次世界大戦後、世界の紛争の発生源は東欧から中東に移行した。中東は世界最大のエネルギー生産地となり、世界最大級のエネルギー埋蔵量をもつサウジアラビアが中東の盟主となった。米国の同盟国であるイスラエルの建国後、アラブ諸国との間でたびたび戦争や紛争が起こった。また、中東の

イスラム教徒による大規模なテロが世界を揺るがした。

　一方で、冷戦終結後、東欧はEU、NATOに加盟し、安定化した。その結果、現在、中東が地政学的に最も重要な地域になっている。

　歴史的に、世界的な株価下落の多くは中東の地政学要因によって、引き起こされた。第四次中東戦争を発端とする第一次石油危機（1973年）、イラン革命を発端とする第二次石油危機（1979年）、湾岸戦争（1991年）、イラク戦争（2003年）は、世界の金融市場を大きく揺るがしてきた。このため、世界の金融市場の分析において、中東の重要度は高い。

世界の文明の中心地だった中東

　古代から中世にかけて、中東では高度な文明が発達した。世界の文明の発祥は、紀元前3500年頃のメソポタミア（現在のイラク）であった。続いて、紀元前3000年頃、エジプト文明が勃興した。メソポタミア文明、エジプト文明、インダス文明は地理的に近かったため古くから融合し、より高度な文明をつくりあげた。

　中世は、東ローマ帝国とオスマン帝国の首都であったコンスタンチノープル（現イスタンブール、トルコ）と、アッバース朝の首都バグダッド（イラク）が、世界の文明の中心地であった。地理的に、中東は欧州と中国、インドの文化を吸収できる点で有利だった。

　その結果、中東では、建築美術、天文学、航海術などがおおいに発達した。暦と天文学と占星術は宗教と密接に関連する。

宮殿の豪華な装飾品に代表されるように、建築、美術も宗教と密接に関連する。

中世の航海術もイスラム教徒によって発達した。イスラム教徒の人口が世界で最も多い国はインドネシアである。イスラム商人は、中東からアラビア海を航海し、インド、そして、インドネシアまで進出した。そこで、イスラム教が普及したのである。

ルネサンス時代の3大発明とは、火薬、羅針盤、活版印刷術である。そのうち、火薬、羅針盤は中国で生まれたものが、中東を経由して、欧州に伝えられ発達した。

インドの科学や文化も、おおいに中東の文明に影響を与えた。インダス文明発祥後、アーリア人がペルシャからインドに侵入した。このため、インドは古くからメソポタミア文明と交流があった。さらに、マケドニアのアレクサンダー大王がインド北部を支配したこともあり、欧州、中東、インドをまたぐヘレニズム文化が生まれた。

科学技術の分野において、インドの最大の功績の一つは数字のゼロの概念を発見したことである。インド数学はアラビア数学として発展し、いまでもわれわれが使う代数学、幾何学などに進化した。そして、アラビア数字（算用数字）が完成した。また、アラビア語が語源となった英語は多い。たとえば、数学や科学に関連するものでは、アルコール（alcohol）、代数学（algebra）、錬金術（alchemy）、アルゴリズム（algorism）などがある。

中東は多くの異民族の侵略を受けた

中東は、アジア、アフリカ、欧州の結節点にあり、かつ文明の中心地であったことから、多くの外敵勢力の侵略と支配を受けてきた。中東を最初に支配したのは紀元前6世紀に誕生したアケメネス朝ペルシャ（イラン）であった。その後、マケドニア王国、ローマ帝国が中東を支配した時期があった。つまり、これらの時期はインド＝ヨーロッパ語族が中東を支配した。

661年に、ダマスカスを首都とするアラブ人国家であるウマイヤ朝が成立した。イスラム帝国は領土を拡大し、中東、北アフリカ、南欧（イベリア半島）、西アジアを支配下に入れた。次

図表6－3　中東における主要な帝国

年代	国家	民族
紀元前550〜330年	アケメネス朝	ペルシャ人
紀元前808〜168年	マケドニア王国	ギリシャ人
紀元前27〜1453年	ローマ帝国、東ローマ帝国	ローマ人
226〜651年	ササン朝	ペルシャ人
661〜1258年	イスラム帝国（ウマイヤ朝、アッバース朝）	アラブ人
1038〜1157年（分派は1308年まで）	セルジューク朝	トルコ人
1169〜1250年	アイユーブ朝	クルド人
1250〜1517年	マムルーク朝	トルコ人
1256（1258）〜1335（1353）年	イル＝ハーン朝	モンゴル人
1299〜1922年	オスマン帝国	トルコ人

出所：外務省ウェブサイト等を参考に筆者作成

いで、750年に、アッバース朝が成立し、バグダッドを首都とした。

　しかし、10世紀にはアッバース朝が衰退し、アラブ人国家としてのイスラム帝国の全盛期は終わった。つまり、アラブ人のイスラム帝国の全盛期は7〜10世紀までしかなかった。

　1038年のトルコ系セルジューク朝が成立してから、トルコ系騎馬民族がイスラム世界で台頭した。それ以降、この1,000年の大半は、トルコ系民族が中東を支配していた。

　1071年に、セルジューク朝はエルサレムを占領した。しかし、セルジューク朝、それに続くアイユーブ朝（クルド人）は、キリスト教にとっても聖都であるエルサレムの解放を掲げる十字軍の攻撃を受け、いずれも短命に終わった。

　13世紀以降、モンゴル系のイル＝ハーン朝とティムール帝国が中東北部地域を中心に支配した。14世紀以降はトルコ系のオスマン帝国が台頭した。1453年に、東ローマ帝国の首都コンスタンチノープル（現イスタンブール）を陥落させた。オスマン帝国の最盛期は、スレイマン1世（在位1520〜1566年）の時代であり、中東全体とバルカン半島を支配した。

　20世紀初頭、弱体化したオスマン帝国の領土をめぐって、欧州列強が中東に介入した。アジアとアフリカに植民地を拡大していた欧州列強にとって、中東は交通の要衝として戦略上重要であった。

　第二次世界大戦後、石油が主要なエネルギーとなり、米国が中東に本格的に介入を始めた。1948年に、英米の支援でイスラエルが建国され、軍事力で国土を拡張した。それ以来、1973年

の第四次中東戦争までは、イスラエル対アラブ諸国という図式があったが、1979年のエジプト・イスラエル平和条約締結後、両者の間で全面的な対決はなくなった。

中東で多数を占めるイスラム教スンニ派アラブ人

中東の民族と宗教は多彩である。中東で最大の民族であるアラブ人は、約3.4億人（アラブ連盟加盟国の人口）と、中東・北アフリカ6.1億人の56％を占める。トルコ人、インド＝ヨーロッパ語族のペルシャ人やクルド人も人口が多い。

圧倒的な多数を占めるのがイスラム教スンニ派アラブ人である。ただし、彼らが中東全体を支配した時期は、過去約2,600年のうち約400年と意外に短い。

図表6－4　中東における主要な民族と宗教

国／民族	宗教（多数派）	民族（多数派）	人口（万人）
エジプト	イスラム教スンニ派	アラブ人	10,039
トルコ	イスラム教スンニ派	トルコ人	8,343
イラン	イスラム教シーア派	ペルシャ人（インド＝ヨーロッパ語族）	8,291
イラク	イスラム教シーア派	アラブ人	3,931
サウジアラビア	イスラム教スンニ派	アラブ人	3,427
イスラエル	ユダヤ教	ユダヤ人	852
クルド人	イスラム教スンニ派	クルド人（インド＝ヨーロッパ語族）	3,500

注：人口は2019年国連推計。
出所：国連

アラビア語は、アフロ＝アジア語族（旧セム＝ハム語族）の
セム語派に属する。アラビア半島（サウジアラビア）の遊牧民
が話していた言語であり、イスラム教の誕生とともに中東全体
から北アフリカまで広がりをみせた[1]。イスラム教の聖典クル
アーン（コーラン）が普及したため、アラビア語がこの地域の
標準語となった。現在でも、東はオマーンから西はモロッコま
で、広大な地域で共通語として通じ、国連の公用語の一つであ
る。

　さらに、クルアーンは生活習慣や規則を定めるものであるた
め、中東、北アフリカでは風俗習慣や社会制度もおおむね共通
化した。こうして、広い地域でイスラム共同体ウンマが形成さ
れ、ムスリムの同胞意識は強い。

　中東で、現存する世界最古の宗教であるユダヤ教、そして、
ユダヤ教をルーツとするキリスト教、イスラム教が生まれた。
現在、中東の宗教は、イスラム教スンニ派（サウジなど多数
派）、同シーア派（イランなど少数派）、ユダヤ教（イスラエル）
などに大別される。中東・北アフリカ6.1億人のうち、イスラ
ム教徒は5.6億人（出所：World Population Review、2019年）と
全体の92％を占める。

　イスラム教は、唯一絶対神アッラーへの帰依を説き、その預
言者（神の言葉を聞いた人）ムハンマド（マホメット、モハメッ
ド、メフメトとも）の言葉を集めたコーランの教えに従う。ム
ハンマドは、570年にアラビア半島（現サウジアラビア）のメッ

1　町田健著『言語世界地図』（新潮社、2008年）151〜152頁。

図表6-5　各宗教の比較

	ユダヤ教	キリスト教	イスラム教
成立時期	紀元前20世紀頃	紀元前1世紀〜紀元1世紀頃	610年
創始者	なし	イエス・キリスト	ムハンマド
信仰の対象	唯一神ヤハウェ	唯一神ヤハウェ	唯一絶対神アッラー
聖典	聖書	聖書	コーラン
信者の施設	シナゴーグ	教会	モスク
主な宗派	正統派、改革派、保守派	カトリック、東方正教会、プロテスタント	スンニ派、シーア派
信者数	1,460万人	23億人	19億人

注：ユダヤ教信者数は2018年、その他信者数は2019年時点。
出所：World Population Review

カで生まれ、610年にアッラーの言葉を聞き、神の言葉として、人々に伝え始めた（632年に死去）。その後、イスラム教は多数派のスンニ派と少数派のシーア派に分かれた。

　エルサレムは、3宗教の聖地である。11世紀に十字軍が始まるまでは、いずれの教徒も、狭いエルサレム旧市街で共存していた。そもそも、三つの宗教はルーツが同じなので、同じ聖典をもつ「啓典の民」として、厳しい対立はなかった。ジズヤは、非イスラム教徒の成人男性に課せられる人頭税で、イスラム帝国に征服されたアラブ人以外の民族は、イスラム教への改宗を強制されないかわりにジズヤを納める必要があった。

シーア派とスンニ派の対立の本質

　現在のイランとサウジアラビアの対立は、イスラム教の2大宗派であるシーア派とスンニ派の対立でもある。イスラム教人口は世界全体で19億人である（出所：World Population Review、

2019年）。そのうち、スンニ派がイスラム教徒の90％と圧倒的多数を占める。

ただし、中東においてシーア派は圧倒的な少数派ではない。中東では、全体の人口が3.7億人であるのに対して、シーア派の人口は1.1億～1.3億人と中東の30～35％を占めると推計される（出所：Pew Research、2009年）。

シーア派はイラン、イラクなどペルシャ湾岸に多い。さらに、シリアなどの西方、あるいはイエメンなどの南方に広く分布する。20世紀以降、ペルシャ湾岸地域で大型油田が発見されたため、欧米の介入を招き、両派の利害が複雑化している。

イランにおいてはシーア派が約9割を占める。イランは人口が多いため、それは世界のシーア派の約4割に当たる。イランが世界各地のシーア派を支援することが、中東の紛争の要因の一つとなっている。

スンニ派とシーア派の教義は、共通する点が多いものの、イスラム教の開祖ムハンマドの後継者（カリフ）に対する考えが異なる。聖典（ムハンマドの定めた慣習）を重視するのがスンニ派、指導者の血統（ムハンマドの子孫）を重視するのがシーア派である。

シーア派は、ムハンマドと血縁があるアリーの子孫をウンマの指導者として考える。ムハンマドの従弟であるアリーは656年にカリフに選出されたが、661年に暗殺された。

661年に、シリア拠点のウマイヤ家のムアーウィヤが事実上のカリフとなり、世界最初のイスラム帝国であるウマイヤ朝が成立した。どの宗派にも加担せず、現行の政権を認め、スンナ

（イスラム教徒にとってコーランに次いで守るべき慣行、伝統、基準）とウンマを重視する人々が後にスンニ派と呼ばれ主流となっていった[2]。

　680年に、ムハンマドの孫に当たり、アリーの後継者であるイマーム・フセインは、ウマイヤ家のカリフと戦い、殉教した（カルバラーの戦い）。イマームが殉教した日はアシュラーと呼ばれ、その追悼行事は、現在、シーア派の最大の行事である。その後、少数派であるシーア派は迫害を受けることがあった。

　ササン朝（西暦226～651年）ペルシャはゾロアスター教を信仰していたが、7世紀にはイスラム帝国であるウマイヤ朝に征服され、イスラム教を信仰するようになった。16世紀に、サファヴィー朝（1501～1736年）が、シーア派を国教として採用した。

　シーア派では、イスラム教指導者のことをイマームと呼ぶ[3]。だれをイマームとするかにより、シーア派のなかでも、宗派が分裂した。アリーとその子孫12人をイマームとする12イマーム派がシーア派の6割程度を占め、イランでは主流である。

　一方、サウジアラビアの国民のほとんどがスンニ派である。18世紀以降、アラビア半島のスンニ派部族がペルシャ湾岸の

2　森山央朗「第2章　スンナ派の宗派形成とイスラーム主義の系譜」（日本国際問題研究所「平成27年度外務省外交・安全保障調査研究事業　安全保障政策のリアリティ・チェック―新安保法制・ガイドラインと朝鮮半島・中東情勢―中東情勢・新地域秩序」平成28年3月）23～29頁。
3　松本弘「イマーム・アリー廟」（日本国際問題研究所ウェブサイト、2004年8月30日）。「シーア派（12イマーム派）」（日本国際問題研究所ウェブサイト、2003年3月1日）。

シーア派部族を征服した[4]。その後、サウジアラビアのシーア派教徒は、イスラム原理主義のワッハーブ主義者から迫害を受けてきた[5]。

　スンニ派とシーア派の対立構造を、宗教対立として表面的にとらえるのは適切でない[6]。イスラム教では、キリスト教や仏教のように「総本山」が存在しないため、両派とも正統と互いに認め合っている[7]。つまり、実際には、教義の違いを理由として対立しているわけではなく、本質は国家の利権や覇権争いである。

アラブの盟主サウジアラビアは中東の新興国

　スンニ派アラブ人の盟主であるサウジアラビアは、イランやトルコと比較して、その歴史は浅い。サウジアラビアは、イスラム教の聖地であるメッカ、メディナを有する。

　しかし、歴代のイスラム帝国の首都はダマスカスやバグダッドであり、サウジアラビアに置かれたことはない。そして、サウジアラビアは、古くはペルシャ、そして中世、近代はオスマン帝国などトルコ系民族の支配下である時代も長かった。

4　福田安志「GCC諸国におけるシーア派と国家―サウジアラビアとオマーンを中心に―（視点）」（IDE-JETRO「現代の中東」43巻、2007年7月）2～21頁。

5　森伸生著『サウディアラビア　二聖都の守護者』（山川出版社、2014年）46頁。

6　高橋和夫著『中東から世界が崩れる　イランの復活、サウジアラビアの変貌』（NHK出版新書、2016年）55頁。

7　塩尻和子「スンナ派とシーア派はなぜ争うのか？」（「週刊エコノミスト」2015年3月24日号）。

1700年頃、サウード家がリヤド（現首都）北西部のディルイーヤに本拠地を築いた。その後、内戦やオスマン帝国の介入を経て、1932年にサウジアラビア王国が成立した。つまり、サウジアラビアは、建国後の歴史が100年に満たない新興国なのである。そして、本格的な石油開発の開始は1938年とこれも歴史が浅い。

戦後、世界有数の産油国になったため、現在では、中東最大のGDPを誇る。さらに、米国の軍隊が駐留し、両国は強固な同盟関係を構築している。

人口は3,427万人であり、多数はアラブ人である。ただし、外国人が人口全体の38％（2018年）、被雇用者の76％（2019年9月）を占めるなど、外国人依存度が高い。このため、紀元前に国家が成立したイランとは異なり、国家意識の形成が遅れた。

2010年に、チュニジアで始まった反政府運動は、エジプト、リビア、シリアなどアラブ世界に拡大した。アラブの春と呼ばれ、多くの国で長期独裁政権が倒されることになった。それ以降、エジプトにかわって、政権が安定しているサウジアラビアはアラブ連盟のなかで主導的地位にある[8]。

OPECのなかでも、サウジアラビアは石油のスイング・プロデューサー（供給の調整役）としての役割を果たしてきた。しかし、2013年に生産量で米国に抜かれて以降、サウジアラビアの発言権は相対的に低下している。

8　福田安志「サウジアラビアの対外政策とその変化—対米関係を中心にして—」（IDE-JETROウェブサイト、2014年3月）。

中東最古の歴史をもつイラン

　イランの人口は中東のなかではトルコに次いで２番目に多い。オイル（原油、シェールオイル、オイルサンド、コンデンセート等）確認埋蔵量は世界４位、生産量は５位、天然ガスの確認埋蔵量２位、生産量３位と、世界有数の資源大国である（2018年）。GDP規模は中東ではサウジアラビア、トルコに次ぐ。

　イランは、他のアラブ諸国とは民族、言語、宗教、文化、歴史などが大きく異なる。中東で最も早く国家を形成してきたため、イラン人（ペルシャ人）という民族意識が強い。イランの語源はアーリア（高貴な人）からきている。イラン人の起源は、紀元前3000〜2000年に移動してきたインド＝ヨーロッパ語族に属する遊牧民である。

　国家としてのイランは、メディア朝（紀元前715年頃〜550年）、アケメネス朝（紀元前550〜330年）を起源とする。アケメネス朝は、全盛期のダレイオス１世の時代に中東地域に巨大なペルシャ帝国を築いた。

　地理的に交通の要衝であり古くから繁栄していたイランは、歴史的に多くの列強の侵略を受けた。紀元前330年に、マケドニア王国のアレクサンドロスがアケメネス朝を滅ぼした。その後も、アラブ人、トルコ人、モンゴル人らの異民族からの侵略を受け、元やティムールなどの支配下となった。アケメネス朝滅亡以降2020年までの2,350年の間で、ペルシャ人以外の民族がイランを支配したのは1,079年に及ぶ。

　19世紀に、イランは欧州列強の植民地獲得競争に巻き込ま

れ、英国とロシアの実質的支配下に置かれた。1908年に、イランで中東地域の最初の油田が発見され、英国資本（現在のBP）がイランの石油利権を独占した。第二次世界大戦中は、連合国軍（英国、ソ連、米国）の支配下に置かれた。

　第二次大戦後、影響力を強めたのが米国である。1951年に、モサデク首相が石油産業の国有化を断行した。1953年に、石油利権をめぐって英国と米国の諜報機関が黒幕となり、軍事クーデターが起こり、モサデク政権は崩壊した[9]。

　イラン革命に至るまでイランと米国は強力な同盟国であった。1971年に英国軍がペルシャ湾から撤退したことで、米国は、イランとサウジアラビアにペルシャ湾安定を依存する「二本の柱」政策を採用した[10]。

　しかし、1979年に、宗教指導者アヤトラ・ホメイニ師が国王政権を打倒した（イラン革命）。同年、テヘランで学生たちによる米国大使館人質事件が発生した。この事件以降、イランと米国の関係は決定的に悪化し、米国は経済制裁を継続中である（第2節で詳述）。革命後、イランは、イスラム共和体制を採用し、現在は最高指導者セイエド・アリー・ハメネイ師が宗教・政治上の統治権を有する（ハッサン・ローハニが大統領）。

9　八尾師訳『イランの歴史——イラン・イスラーム共和国高校歴史教科書』（明石書店、2018年）374〜375頁。

10　高橋和夫著『中東から世界が崩れる　イランの復活、サウジアラビアの変貌』（NHK出版新書、2016年）31〜32頁。

イランとサウジアラビアの対立の背景

　イランとサウジアラビアはあらゆる点で対照的である。サウジアラビアはスンニ派が人口の9割程度を占め、アラブ人が多数を占める。歴史は比較的浅く、米国と同盟関係にある。一方、イランはシーア派が人口の9割程度を占め、インド＝ヨーロッパ語族であるペルシャ人が多数を占める。そして、紀元前からの歴史と伝統をもち、米国と対立関係にある。

　両国の関係が悪化したのは、イラン革命後のことである。サウジアラビア東部にもシーア派が存在し、1979年のイラン革命の際、サウジアラビア国内でも暴動が発生した。そのため、イラン・イラク戦争（1980〜1988年）では、イランからの革命が波及しないよう、サウジアラビアはイラクに対して資金援助を行った。

　近年、両国の関係は極端に悪化している。2012年に、イエメンではスンニ派政権が成立したが、2014年に、イランが支援するシーア派の武装組織フーシが首都サヌアを占拠した。そこで、2015年に、サウジアラビアはアラブ有志国とともにイエメンに対する軍事行動を開始し、現在も対立が続いている。

　2016年に、サウジアラビアは、アラブの春に際し国内での暴動を扇動したとして、シーア派の聖職者ニムル師など47名の死刑を執行した。これをきっかけに、テヘランのサウジアラビア大使館で抗議活動が起こり、サウジアラビアはイランと国交を断絶した。

　イラン革命前、イスラエルとイランはともに親米路線であ

り、両国の関係は比較的良好であった。イラン革命後、イランは反イスラエルに転じ、パレスチナを占領するシオニスト政体を拒絶している[11]。

　イランは、イスラエルと対立するレバノンの反政府勢力ヒズボラ（シーア派）、シリアのアサド政権（シーア派に近いアラウィー派）を支援する。さらに、イランは、イスラエルと対立するパレスチナのガザ地区の武装組織ハマスやジハードを支援する。これらは、スンニ派であるものの、イスラエルの敵であるため支援している。

　ハマスは、1987年に、ムスリム同胞団（詳細は後述）がイスラム国家樹立を目的として設立した。そのため、南側で国境を接し、ムスリム同胞団が多いエジプトから支援を受けている。

　トランプ政権の登場で、イランとイスラエルは決定的に対立している。トランプ大統領は、在イスラエル大使館エルサレム移転やイスラエルのゴラン高原領有承認など親イスラエル政策を強力に推進してきた。イランの核開発はイスラエルの安全保障にとって最大の脅威である。

　イスラエル、サウジアラビアの要請を受けて、核開発を阻止する目的で、トランプ大統領はイラン制裁を再開した。大統領選を控え、さらに親イスラエル、反イランの政策を強化するとみられる。

11　佐藤秀信「第6章　イランにとっての中東和平問題」（日本国際問題研究所「中東和平の現状─各アクターの動向と今後の展望」2011年3月）81〜94頁。

中東に対する介入を強めるトルコ

　トルコは、欧州、ロシア、中東の結節点にあるため、その地政学的な重要性は高い。トルコは、中東では非主流派のカタールやイランと親しく、主流派のサウジアラビアやエジプトと疎遠である。かつて親しかった米国との距離は開き、ロシアに接近している。

　中世以降、トルコ系王朝が中東を長年支配していた。トルコ人は、中央アジアの遊牧民族が起源である[12]。552年に、モンゴル発祥のテュルク（突厥）が、モンゴル高原から黒海北方のユーラシア大陸の草原地帯を支配する広大な遊牧国家を築いた[13]。オスマン帝国やセルジューク朝が中東を長期にわたって支配した歴史があり、トルコはいまも中東に対する関与を続けている。

　トルコは、イスラム教徒が人口の9割を占めるが、1923年のトルコ共和国成立後、脱イスラムと入欧を国家目標に掲げてきた。政教分離を国是とし、共和制を採用する。

　トルコは、冷戦時には米国と同盟関係にあり、NATOにも加盟している。1996年にEUとは関税同盟が成立し、EUはトルコにとって最大の貿易相手国となった。1999年にEU加盟候補国となり、トルコは、EU加盟を目指し交渉していた。ただし、近年は、保守派のエルドアン政権下でイスラム教色が強くなり、交渉は停滞している。

12　宮田律著『中東イスラーム民族史』（中央公論新社、2006年）126頁。
13　梅村坦著『内陸アジア史の展開』（山川出版社、1997年）47頁。

2003年には、公正発展党（AKP）党首レジェップ・タイップ・エルドアンが首相に就任した。2014年に、初の直接国民投票が実施され、エルドアンが大統領に就任した。2018年に、憲法改正により議員内閣制から大統領制に移行し、エルドアン大統領が強力な権力を掌握している（任期5年）。

　2010年代以降、トルコと米国とは対シリア政策、「イスラム国」（IS）に対する方針の違いから、以前のような友好関係ではなくなっている。イスラム色を強めるエルドアン政権は中東への介入を強め、シリアで活動するムスリム同胞団を支援している。

　エルドアン政権誕生後、トルコとイランは安定的な関係を築いている[14]。両国ともクルド人問題を国内に抱えるため、協力関係にある。

　1990年代以降、クルドの分離独立を主張するクルド労働者党（PKK）とトルコ政府との間で武力闘争が続いている。トルコの人口8,343万人（2019年）のうち、クルド人は、1,500万〜2,000万人を占めるといわれる。

　現在、中東や欧州などに暮らすクルド人の人口は、約3,500万人である（CIA推計）。クルド人は、イラン、トルコ、シリアの国境付近の山岳地帯の民族集団として、歴史的に各王朝から一定の自治が認められてきた[15]。クルド人はペルシャ人と同じ

14　Arshin Adib-Moghaddam, "After the "Middle East" : Turkey and Iran in a region", Middle East Review, Vol. 6, 2019（IDE-JETRO）.
15　松本弘「クルド人問題」（日本国際問題研究所ウェブサイト、2003年3月1日）。

インド＝ヨーロッパ語族であるが、その大半はスンニ派である。

トルコが支援しサウジアラビアが敵視するムスリム同胞団

1928年にエジプトで設立されたムスリム同胞団は、イスラム主義に基づく社会活動（奉仕、教育、治療、弱者支援など）を展開し、アラブ諸国各地に広がりをみせた。1940年代には、エジプト最大の政治勢力となった。しかし、独裁体制を維持したい政権側からは、一般大衆の支持を得るムスリム同胞団の存在は好ましくない。その後、ナセル、サダト、ムバラク政権下で、ムスリム同胞団は厳しい弾圧を受けた。

2011年に、アラブの春はエジプトにも押し寄せ、ムバラク政権は打倒され、2012年にムスリム同胞団を主体とするムルシー政権が誕生した。しかし、2013年に、軍事クーデターによりシーシー政権が成立した。

政権の権威を否定し、大衆側に立つムスリム同胞団の存在は、国王の独裁政権であるサウジアラビアや湾岸の政権にとっては好ましくない。かつてムスリム同胞団を支援したサウジアラビアは、2014年に、これをテロ組織と認定し、敵対している。

1940年代に、ムスリム同胞団のシリア支部が設立された。1963年に、バアス政権が権力を掌握し、ムスリム同胞団は非合法化された。2011年に、アラブの春はシリアにも伝播し、シリア内戦が始まった。そして、シリア同胞団を支援するトルコが介入を始め、内戦長期化の理由の一つとなっている。

カタールはムスリム同胞団を支援し、イランとの友好関係を維持している。イランとカタールは、世界有数の天然ガス産出国であり、ペルシャ湾を挟む両国の領海には、世界最大のガス田が存在する。

　2017年に、サウジアラビア、UAE、バーレーン、エジプトの4カ国は、カタールがテロリストを支援しているとして、国交を断絶した。これに対し、トルコは、カタールに食糧・軍事支援を行っている。中東で数少ない民主主義国であるトルコは、アラブ民族中心の中東に影響力を保つために、ムスリム同胞団を支援している。

シリアの内戦の構図

　シリアの人口の9割がイスラム教徒である（スンニ派74％、アラウィー派、ドルーズ派など16％、出所：外務省）。民族では、アラブ人75％、クルド人10％、アルメニア人その他が15％を占める。政治体制は共和制であるが、実質は、バアス党による一党独裁である。

　シリアの国境線は、1916年のサイクス＝ピコ協定により引かれたもので、1918年にオスマン帝国より独立し、1920年に、フランスが委任統治した。1946年に独立し、スンニ派に支配権が移行した。

　1963年に、軍事クーデターによりバアス党政権が成立し、1970年に、ハーフェズ・アサドが実権を握った（翌年大統領就任）。2000年の死去後、次男のバッシャールが大統領に就任した。いずれも、人口の1割を占めるにすぎないアラウィー派で

ある。

アラウィー派は、シーア派初代イマーム（指導者）のアリーへの尊敬を唱えるため、シーア派と緊密である。シリアでは、スンニ派アラブ人が全人口の3分の2を占める。つまり、少数派のアラウィー派がスンニ派を支配している。

スンニ派アラブ人である過激派組織「イスラム国」（IS）は、イラクとシリアで勢力を拡大していった。シリアの反政府軍は、ISの支援を受け、スンニ派の過激派組織として反政府活動を活発化させている。2011年以降、シリア内戦が勃発したが、現在、ロシアの支援を受ける政府軍が優位にある。

ロシアは、旧ソ連時代の友好国であり、港湾都市タルトゥースにロシア海軍の基地があることから、アサド政権を支持している。フランスはシリアの旧宗主国であるため、政治的・経済的な結びつきは強い。米国は、シリアをテロ支援国リストに指定しており、アサド大統領に退陣を要求している。

2 欧米による中東への介入の歴史

英国の「三枚舌外交」と現在の中東の混乱

19世紀以降、欧州列強が中東に本格的に進出した。その理由として、バルカン半島から中東にかけては植民地政策上重要な地域であったことに加えて、オスマン帝国が弱体化したことがあげられる。

20世紀初頭、鉄道建設をめぐって、ドイツの３Ｂ政策と英国の３Ｃ政策が対立した。３Ｃ政策は、ケープタウン・カイロ・コルカタへの進出を目指すものである。1875年に、英国はスエズ運河の利権を獲得し、1882年にエジプトを保護国化した。それ以降、英国にとって、アジア、アフリカを結ぶ要衝として中東の重要性が高まった。一方で、３Ｂ政策は、中東、インド洋進出を目指し、ベルリン、ビザンツ（イスタンブール）、バグダッドを鉄道で結ぶ計画であった。

　３Ｂ政策と３Ｃ政策の対立はやがて第一次世界大戦の遠因となった。英国は、戦況を有利に導くために、以下の協定を別々に結んだ。

フサイン・マクマホン協定（1915年）

　英国は、オスマン帝国占領下のアラブ人に対して独立戦争を支援し、アラブ人国家独立を約束した。

サイクス＝ピコ協定（1916年）

　英国は、ロシア、フランスと秘密協定を結び、戦後、①オスマン帝国の領土の３国分割統治、②パレスチナの国際管理、を定めた。1917年に、ロシアは協定から離脱し、英仏で分割統治することになった。

バルフォア宣言（1917年）

　英国外務長官バルフォアから、ロスチャイルド家に対する手紙を指す。英国は、ロンドンのユダヤ金融資本と中東のユダヤ人の協力を得るために、パレスチナにユダヤ人の国家をつくることを約束した。

　つまり、英国は、アラブ人には独立を約束し、ユダヤ人には

ユダヤ国家建国を約束する一方で、フランス、ロシアと、中東を分割統治することを裏で約束していた。これが、英国のいわゆる「三枚舌外交」である。

第一次世界大戦後、オスマン帝国の旧領土は、英国がイラク、ヨルダン、パレスチナ、そして、フランスがシリアやレバノンなどを国際連盟の委任統治領とした。この時の支配地域が、現在のイラクやシリアなどの中東の国境線を決めた。

石油危機後に強まる米国の介入

中東では、世界のオイル埋蔵量のおよそ半分が存在し、およそ3分の1が生産されている（出所：BP、2019年）。中東の石油開発は1930年代に入って本格化しており、意外にその歴史は浅い。

1859年に、米国で大規模油田が発見され、近代的な石油開発が始まった。シェル（現ロイヤル・ダッチ・シェル）は、カスピ海沿岸のアゼルバイジャンの首都バクーの石油開発に成功した。1880年代半ばに、バクーの石油生産は米国の3分の1にまで達した[16]。インドネシアでは、オランダのロイヤル・ダッチ（現ロイヤル・ダッチ・シェル）が石油開発に成功し、当時、米国、ロシアに次ぐ石油大国になった。

1908年にイランで油田が発見され、アングロ・ペルシャン・オイル（英国、現在のBP）が石油利権を取得した[17]。1927年に、

16　岩間剛一「公開シンポジウム：日本・インドネシア交流の過去・現在・未来　日本のエネルギー問題とインドネシア歴史的経緯をふまえて」（和光大学総合文化研究所年報「東西南北」2009年）19〜34頁。

イラクのキルクーク油田が発見された。その後、サウジアラビアにおける石油開発と生産は米国、イランは英国、イラクとクウェートは両国の石油メジャーが中心に行うようになった[18]。

第二次世界大戦後、欧米の石油メジャー7社が中東の石油資源を支配した。第四次中東戦争（1973年）を契機に石油輸出国機構（OPEC、1960年設立）が石油価格の支配権を握り、第一次石油危機が発生した。

第二次世界大戦後、米国による中東への介入が本格化した理由として、①イスラエル建国、②石油開発の進展、③イスラム教徒による大規模テロや国家間戦争の頻発、があげられる。米国の中東政策は、①ソ連の共産主義封じ込め、②中東からの安定的な石油供給確保、③イスラエルの安全保障、を軸に行われてきた。

ただし、1990年までは、米国は直接的な軍事介入ではなく、1961〜1963年のエジプトへの支援、1967〜1973年のイスラエルへの支援などで、中東内の勢力均衡を図った[19]。米国の介入が本格化したのは、2001年のアフガン戦争、2003年のイラク戦争以降のことである。

17　岩間剛一「大きな魅力を持つイラン、イラクの石油・天然ガス資源の未来」（「中東協力センターニュース」2010年12月・2011年1月）51〜64頁。

18　十市勉「やさしい経済学—歴史に学ぶ　エネルギーの覇権」（日本エネルギー経済研究所ウェブサイト、2004年6月）。

19　小野沢透「第9章　アメリカと中東：歴史的な視点から」（日本国際問題研究所編「平成25年度外務省外交・安全保障調査研究事業（総合事業）　グローバル戦略課題としての中東—2030年の見通しと対応—」平成26年3月）133〜144頁。

多くの戦争やテロを起こしたリビアのカダフィ、イラクのフセイン、アルカイダのビンラディン、ISのバグダディが、2006〜2019年の間に、いずれも処刑ないしは殺害された。このため、米軍駐留の必要性は薄れた。トランプ大統領は、6万〜7万人の在中東米軍を削減する方針を示している。

ロシアの中東政策と軍事介入

伝統的に、ロシアは不凍港の確保を主眼においた南下政策をとっており、トルコ、イラン、アフガニスタンなどに進出してきた。黒海やボスポラス海峡の支配をねらって、特にトルコとは戦争を繰り返した（なお、同じく不凍港のある北のバルト海へも何度か進出している）。

第二次世界大戦後、英国とフランスが手を引くなか、米国とソ連は中東で覇権を争った。黒海の出口（ボスポラス海峡）を押さえるトルコが1952年にNATOに加盟した。ソ連にとって中東は、黒海を基地とするソ連海軍の兵站補給を維持するための陸路として重要となった。ソ連はエジプト、リビア、アルジェリア、シリアなどと友好関係を維持した。

しかし、第四次中東戦争後、エジプトは親米路線に舵を切った。また、アラブの春により、リビアのカダフィ政権が倒れた。現在、中東でロシアと友好関係を維持する主要国はシリアのみである。

ロシアが中東に介入する理由の一つとして、国内のイスラム過激派対策もあげられる。ロシア国内に、タタール人、バシキール人、チェチェン人などイスラム系民族が居住しており、

テロ事件も少なくない。

　現在、ロシアは、米国と鋭く対立するイランとの関係改善に努めている。さらに、トルコとの関係改善も推し進めている。トルコとロシアの天然ガスパイプライン「トルコ・ストリーム」が2020年に稼働した。また、トルコは、米国から制裁を受ける可能性があるにもかかわらず、ロシア製ミサイル防衛システム「S-400」を導入している。

イランの核開発と経済制裁の歴史

　トランプ政権誕生後、米国とイランの関係が悪化している。イランに厳しい態度をとる米国だが、歴史的に、その核開発を支援してきたのは米国自身である。戦後、米国は自らの陣営に取り込むため、イランの原子力発電の導入を推進した[20]。1957年に、イランは米国と協定を結び、原子力開発を開始した[21]。1958年に、イランは国際原子力機関（IAEA）に加盟し、1970年に核兵器不拡散条約（NPT）に加盟した。

　1976年から、イランは、旧西ドイツの協力でブーシェル原子力発電所1号炉・2号炉を建設してきた[22]。イランが反米路線に転じて以降は、主に、ロシアと中国の協力によって核計画を進めてきた。ブーシェル原子力発電所は最終的にロシアの協力を得て2013年に完成した[23]。さらに、イランによるミサイル技

20　坂梨祥、村上朋子「イランの原子力開発と核不拡散問題の展望」（日本エネルギー経済研究所ウェブサイト、2007年10月）。
21　中村直貴「イランの核開発問題〜米国の中東政策との関わりを中心に〜」（「立法と調査」No.265、2007年3月）。
22　「イランの核問題」（外務省ウェブサイト、平成16年6月）。

226

術開発でも、ロシア人科学者の協力があったとされ、北朝鮮とは核分野でのミサイル開発の協力が指摘されている[24]。

2002年に、イランによる未申告の核開発活動が発覚した。IAEA保障措置協定違反であるとし、2006年国連安保理決議に基づき、国際社会が経済制裁を科した[25]。2012年以降、EUは、独自にイランに対する制裁を強化した。

しかし、2015年に、オバマ政権の米国を含む安保常任理事国とドイツ（P5＋1）およびEUは、イランと核技術に関する包括的共同行動計画（JCPOA）に合意した。2016年に、IAEAがイランの核開発活動の縮減を確認したことで、核問題に関する経済制裁が撤廃された。

これに強く反発したのが、サウジアラビアとイスラエルである。制裁が解除されればイランが大国化し、各地のシーア派への支援を増強すると予想される。これは、中東全体のパワーバランスを崩しかねないため、大きな安全保障上の問題である。

2018年に、トランプ大統領はJCPOAから脱退し、イランに対する制裁解除を撤廃することを発表した[26]。米国の経済制裁

---

23 「イランの原子力開発と原子力施設」（日本原子力研究開発機構ウェブサイト、2016年11月）。

24 日本エネルギー経済研究所中東研究センター「核開発問題をめぐるイラン・米国関係がイラン並びにペルシア湾岸諸国の安全保障に及ぼす影響に関する調査」（経済産業省資源エネルギー庁委託、2006年3月）24〜26頁。

25 小塚郁也「国際社会の対イラン制裁—スマート・サンクション＋αの経済制裁の実効性について—」（「防衛研究所紀要」第19巻第2号、2017年3月）。

26 The White House, "Ceasing U.S. Participation in the JCPOA and Taking Additional Action to Counter Iran's Malign Influence and Deny Iran All Paths to a Nuclear Weapon", May 8, 2018.

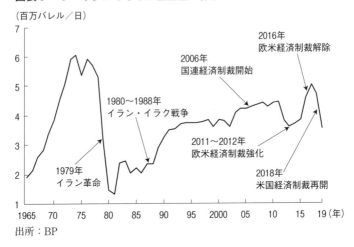

図表6－6　イランのオイル生産量の推移

（百万バレル／日）

2016年
欧米経済制裁解除

2006年
国連経済制裁開始

1980～1988年
イラン・イラク戦争

1979年
イラン革命

2011～2012年
欧米経済制裁強化

2018年
米国経済制裁再開

出所：BP

の効果は大きい。2018年のイランのインフレ率は31％、失業率は14％、経済成長率は－3.9％である。

　さらに、2019年に、イラン原油輸入の全面禁止措置を導入した。ただし、イランオイルの最大の輸出先である中国とトルコは、米国の制裁措置に従わないと公言している。

　ここでも、米国によるイラン制裁は効果をあげている。2018年のイランの産油量は日産472万バレルと世界5位であったが、2019年には日産354万バレル（世界8位）に低下している（出所：BP）。イランオイルは、2017年に日産250万バレルが輸出されており、構成比は中国24％、日本5％である（出所：EIA）。

　テヘランの米国大使館人質事件発生後40年以上も経ているが、依然として米国民の対イラン感情は悪化したままである。

2012年には、同事件を描いた映画『アルゴ』が大ヒットし、翌年のアカデミー作品賞を受賞した。世論調査では、1980年代以降、米国ではイランに対して8割前後の人々が反感をもっている。このため、民主党支持者を含め、トランプ大統領の対イラン強硬策に反対する声はあまりない。

　トランプ大統領のねらいは、イランを力で屈服させることであろう。イランが、核開発と国外シーア派支援の両方をやめれば、制裁解除することはありえよう。米国は、イランがそれらをやめない限り、制裁によってイランの国力を弱め、核開発とシーア派支援ができないようにする戦略であると思われる。しかし、イランが、迫害され続けた歴史をもつシーア派への支援をやめる可能性は低い。

　制裁解除に対しては批判があるが、米国内では共和党支持者や福音派など、トランプ大統領の支持基盤を中心に賛成も多い。共和党支持者や福音派のみならず、前述のとおり民主党支持者ですら、反イラン政策を支持している。

　2016年12月に、イラン制裁法の延長に関する法案が上院において99対0で可決された（下院において419対1で可決）。2017年6月にも、イラン・ロシアの追加制裁を盛り込んだ法案が、上院において98対2で可決された（下院において419対3で可決）。

　米国は、原油輸入のホルムズ海峡依存度は18％にすぎない（2018年）。そのため、イラン情勢悪化によってホルムズ海峡が封鎖され、原油価格が急騰したとしても、大きなダメージはない。したがって、米国によるイラン制裁は長期化するとみられる。

小括：米国とイランの対立は容易に終わらない

　トランプ大統領は親イスラエル政策を強力に推進してきたが、2020年の大統領選を控え、さらにこれを強化するとみられる。そして、再選されれば、反イラン政策を続けよう。

　第3章で述べたとおり、トランプ大統領の最大の支持基盤は米国の人口の約25％を占めるキリスト教福音派である。さらに、福音派はキリスト教のなかでもユダヤ教に近い。また、米国政治献金額上位はすべてユダヤ人であり、ユダヤ人の政治力は大きい（出所：OpenSecrets.org）。つまり、トランプ大統領にとってイラン制裁強化は、票をもつ福音派信者と資金をもつユダヤ人双方からの支持を固めることにつながる。

　歴史的に、交通の要衝にあったイランは豊かであったため、古代から多くの国に支配されてきた。そして、20世紀以降は、欧米の介入を受け続け、過去40年間も国際的に孤立してきた。欧米諸国は、中東に介入した過去を忘れてしまったかのようだが、介入を受けたほうは忘れない。

　イランが核開発を行うのも、他国を侵攻するためではなく、自国の安全保障、あるいは欧米との交渉のカードとしていると考えられる。したがって、イランとしては、やすやすと核開発を放棄するわけにはいかない。

　核兵器をもたなかったイラクのフセイン、リビアのカダフィは殺害された。一方、トランプ大統領は核ミサイルを開発した北朝鮮の金正恩朝鮮労働党委員長に会うため、朝鮮半島をわざわざ訪問した。第2章でも述べたとおり、核開発は有力な交渉

カードになりうる。

　さらに、歴史的な背景から、イランが中東の各地のシーア派の支援を簡単にやめるとは考えにくい。イランが支援しない場合、世界各地のシーア派はますます迫害、あるいは差別されるおそれがある。迫害を受け続けてきたシーア派の盟主であるイランは、自らが苦しくてもそれらを支援すると思われる。イランは制裁慣れしており、また隣国ロシアやトルコからの支援が得られるため、簡単に音を上げることはあるまい。

　以上を総合すると、米国とイランの緊張関係は長期化し、仮に、トランプ大統領が再選を果たすと、さらに激化する可能性がある。一方、民主党バイデン候補が勝利した場合、米国のイラン制裁は解除されよう。バイデン候補は、イラン制裁を解除したオバマ政権の副大統領であった。ただし、米国における反イラン感情が高まっているだけに、米国とイランの関係が親密になるとは考えにくい。

第 **7** 章

アジアとアフリカの
ポテンシャリティ

植民地支配が進んだアジアとアフリカ

アジア・アフリカ地域についての地域的理解

　世界の古代文明は、エジプト文明、メソポタミア文明、インダス文明、黄河文明など、アジアとアフリカで生まれている。中世に欧州でルネサンスが始まり、大航海時代を迎えるまで、中国、インド、中東は、世界の文明の中心であった。しかし、近代の世界的な植民地獲得競争と産業革命に遅れたアジアとアフリカでは、産業の発展が遅れた。

　しかし、植民地支配は単に不利益を生んだという認識だけで理解すべきではない。アジア諸国の多くは英国の植民地であったため、英語とアングロ＝サクソン体系の法制度、そして社会的インフラ基盤として整備された。これが、インドや東南アジア諸国連合（ASEAN）地域の現在の成長の基盤となっている。

　ASEAN諸国は、それぞれの民族文化を基盤としているものの、植民地化を経て欧米諸国の文化と融合するかたちで社会文化が構築された。欧米諸国とは、独立後から現在まで緊密な関係性が維持されており、社会・経済構造も、ある程度は移植されたものである。英語でのコミュニケーションや教育制度面でのリンケージが相応にある。そのため、ASEAN地域は、人口の増加とともに、金融市場における潜在能力（ポテンシャリティ）がさらに上がっていく可能性が高い。

　20世紀後半以降、アジアの成長が本格化した一方で、独立が

遅れたアフリカ諸国の成長は取り残されたままである。アフリカに関して、アジアにおける植民地化と大きく異なるのは、欧州と距離が近い点である。さらに、独自の文化の発展性と広がりの一方で、地域的な困難性（サブサハラ・アフリカ地域（サハラ以南のアフリカ地域）における熱帯特有の疫病や部族間争いなどの問題など）の影響により、欧州がアフリカを一方的に従属化するプロセスが行われた。

　特に、奴隷貿易に代表されるような収奪型構造は、アジアにおける植民地化とは根本的に異なるものと理解される。19世紀後半〜20世紀前半にかけて、アフリカの植民地化が急速に進展するなかで、現地の支配構造を利用し、欧州諸国が上からの統治を行う形態であった。

　欧州諸国は、第二次世界大戦後もアフリカ諸国の植民地経営を維持しようと試みた。アフリカ諸国の多くは、民族意識の高まりのなか、1960年以降に次々と独立を達成している。しかし、民族紛争、多くの独裁体制、貧困、汚職、医療の脆弱性、開発が進まないことなどの問題から抜け出られずに苦しんでいる。

　本章では、アフリカ、インド、東南アジアを中心に、それらの歴史が現在の経済や産業にどのように影響を与えているか、金融市場との関係を含めて考察する。国連の分類では、それぞれアジア、アフリカに含まれる中国（第5章）、中東（第6章）、については、特に断らない限り、議論の対象としない。各章を参照されたい。以下、欧州列強の植民地支配を軸に、アジアとアフリカの歴史を振り返る。

アジアにおける植民地の歴史

　アジアにおいては以下のとおり、インド、東南アジアを中心に多くの国が英国の植民地となり、英国の植民地支配の中心がインドであった。そして、英国の植民地政策は、現在のアジアの発展に大きな影響を与えている。

　インドでは、先住民であるドラヴィダ語族がインダス文明を生んだ。そこに、紀元前1500年頃、ペルシャからインド＝ヨーロッパ語族であるアーリア人がガンジス川流域まで進出した。アーリア人が階層社会を形成し、被征服民を最下層民とするカースト制の原型ができあがった。紀元前7世紀頃に確立したカースト制がインドの発展を遅らせたという指摘があるが、根の深い民族問題にかかわるため、容易に解消できない。

　13世紀以降、インドは長く異民族支配を受けた。デリー＝スルタン朝と呼ばれる五つのイスラム王朝、そして、16世紀以降のムガル帝国は、トルコ系、モンゴル系民族による支配であった。

　1600年に設立されたイギリス東インド会社は、当初、胡椒、香辛料、綿織物を輸入していたが、1776年に米国が独立して以降、英国にとってインドは重要な植民地となった。インドで生産された綿花が、東インド会社を通じて、英国に輸出され、英国で綿製品となり、産業革命を起こした。

　1757年に、英国はフランスをプラッシーの戦いで破り、英国一国でインドを植民地とすることになった（1877年インド帝国成立）。さらに、1849年に現在のパキスタン、1886年に、ミャ

ンマー（旧ビルマ）をこれに併合した。マレーシアは、16〜17世紀の大航海時代にはポルトガル、オランダの支配を受け、1824年からは英国による植民地となった。さらに、英国は、アフガニスタン、オマーン、シンガポール、香港など、植民地支配に際しての周辺の重要拠点も植民地化した。

　19世紀に、世界的に奴隷制度は廃止されたが、それにかわって、クーリー（苦力）が利用されるようになった[1]。クーリーとは、過酷な労働に従事する黄色・褐色のアジア系出稼ぎ・移民労働者を指し、主に、インド人と中国人である。中国人は、アジアの英国植民地や米国の西部開拓での労働に従事した。インド人は、英国の植民地で、農園、鉱山、鉄道建設の現場労働者として搾取された。その結果として、現在も、マレー半島には多くのインド系住民が居住する。

　フランスは、七年戦争中の英仏植民地戦争によって、前述のとおりプラッシーで英国に敗れた後、インドシナに進出し、1884年にベトナム、カンボジア、1899年にラオスを植民地化した。世界初の株式会社であるオランダ東インド会社は、1602年に設立され、ジャワ島を拠点に広範なアジア貿易を展開していたが、英国に押されて衰退し、1799年に解散。同年、オランダはインドネシアの直接支配を開始した。

植民地支配がアジアに与える影響

　英国の植民地であったからこそ、現在、シンガポールと香港

1　木谷勤著『帝国主義と世界の一体化』（山川出版社、1997年）48〜53頁。

は国際金融センターになったともいえる。英国が支配した地域は、シンガポール、香港を筆頭に、英国の制度が移植され、英語が普及するなど恩恵も大きかった。国際金融公社（IFC）のビジネスのしやすさ国別ランキング（2019年）では、シンガポールが2位、香港が4位である。

その結果、シンガポールは東南アジア、香港は中国の国際金融センターとなり、地域の成長に貢献している。さらに、東京を超え、ニューヨーク、ロンドンと並んで、世界的な国際金融センターとなった。Z/Yenグループが作成する国際金融センター指数（GFCI）ランキング（2020年3月）では、シンガポール5位、香港6位である（第4章の図表4－7参照）。

インドはIT産業に強みをもつことが特徴である。インドの大手IT企業であるタタ・コンサルタンシー・サービシズの時価総額は13兆円、インフォシスは5兆円と、日立製作所やパナソニックの2兆～4兆円前後を大きく上回る（2019年末）。

インドがITに強い理由として、歴史的に数学と、英語に強いことがあげられる。数の表記法である十進法は、270年頃、インドで生まれており、それがイスラム諸国に伝わり、アラビア数字が生まれた[2]。320年に興ったグプタ王朝は、インド文化の黄金期とも呼ばれ、サンスクリット文字が公用語とされた。王朝は、天文学者、医者、科学者などを保護し、天文学、数学、物理などが発達した。

アジアでは、日本の戦後の賠償、経済援助が経済発展に寄与

2　ウィリアム・H．マクニール著『世界史　上』（中央公論新社、2008年）287～291頁。

した面もある。日本の政府開発援助（ODA）は、1950年代に、アジア諸国に対する戦後賠償から開始された。その後、無償援助、有償援助、技術供与など、2017年までに累計で63兆円が支出され、日本のODA供与上位5カ国は、インドネシア、中国、インド、フィリピン、ベトナムである（1960〜2017年累計）。韓国のポスコに対して、日本の技術が供与された例がある。また、韓国、台湾では、日本の植民地政策によって、社会資本や制度が整備された。

華僑の進出と東南アジアの成長

東南アジアでは華僑／華人企業が多くの産業を支配している。中国系住民が多いシンガポールのみならず、東南アジアの時価総額規模の大きい企業の多くは、華僑／華人系であるか、それらと関係が深い。華人ネットワークは、特に、流通、金融、サービスなどの非製造業の分野において、強力な力をもつ。

田中彰夫によると、華僑は、中国生まれで中国籍をもつ一世を意味する一方、現地生まれで、現地国籍をもつ二世以降の中国系の人々は、華人と称される[3]。華僑の東南アジア移民が始まったのは、唐王朝時代（618〜907年）であり、1,000年以上前である。東南アジアをはじめ、世界各地にチャイナタウンが形成された。

明から清の後期まで、海禁法のもと、漢民族の海外居住は禁

3　田中彰夫「東アジア華人系企業グループの21世紀ビジネス戦略」（「立命館大学経営学」第40巻第4号、2001年11月）。

止されていたが、前述のように19世紀にクーリーとして、海外居住が活発化した。当初は、マレーシアやシンガポールなどの英国植民地に移民労働者として送られた。さらに、福建省、広東省、海南省の中国南部からの移民が急増し、定住していった。香港、マカオ、台湾の中華圏を除くと、華人企業は、マレーシア、シンガポール、タイ、フィリピン、インドネシアなどの東南アジアに集中している[4]。

マレーシアのホンリョン・グループ、クオック・グループ、インドネシアのリッポー・グループ、サリム・グループ、タイのチャロン・ポカパン（CP）グループ、シンガポールのウィルマー・インターナショナルが代表的である。これらが中国本土企業と結びついて発展している。

アフリカにおける植民地の歴史

アフリカは暗黒大陸と呼ばれ、その開発が遅れた。アフリカにおける植民地化の起点は、奴隷貿易である。16世紀以降、ポルトガル、スペイン、オランダ、英国、フランスが、西インド諸島や南北米大陸で農園経営に乗り出し、大量の労働力が必要となった。16～19世紀にかけて、アフリカから大西洋奴隷貿易に送られ取引された奴隷の数は、合計1,100万人にのぼるとされる[5]。

1884～1885年のベルリン会議に欧州14カ国が参加し、アフリ

4　高橋海媛「華人企業の動向」（三井物産戦略研究所ウェブサイト、2018年11月）。
5　大澤広晃著『帝国主義を歴史する』（清水書院、2019年）15頁。

240

カの土地分割が話し合われた。欧州各国は、他国に通知することなく、無秩序な土地取得をしないよう、また、抗議ができるよう紳士協定を定めた[6]。このアフリカ分割により、植民地化が進展し、この時の境界線が現在も国境線として残ることになった。最終的に、エチオピアとリベリアを除くすべての地域が植民地化された。

植民地統治手法として、宗主国の公用語が話され、同化政策がとられる直接統治（フランス）のほか、現地の王室や首長を通じた間接統治（英国）もとられた。20世紀初頭までに、天然ゴム、綿花、コーヒー、カカオ、金、銅、ダイヤモンドなどの農作物の栽培、鉱物の採掘が進められるようになり、現地住民は、農園や鉱山での労働を強いられた[7]。

英国は、19世紀後半から植民地獲得とともに、海外投資を活発化していった。その例が、1875年スエズ運河の利権獲得、1882年エジプト保護国化である。そして、南アフリカ、ナイジェリア、ケニアなどの植民地から英国に食糧、資源などが輸出された。植民地独立後は、英国の金融・企業制度が残り、多国籍企業が活動の場を広げることになった[8]。一方で、フランス、ドイツ、オランダの支配地の恩恵は、相対的に少ない。

1960年はアフリカ諸国の独立の年となり、17カ国が独立し

6　マルク・フェロー著『植民地化の歴史：征服から独立まで（13～20世紀）』（新評論、2017年）127頁。
7　宮本正興、松田素二編『改訂新版　新書アフリカ史』（講談社現代新書、2018年）324頁。
8　マルク・フェロー著『植民地化の歴史：征服から独立まで（13～20世紀）』（新評論、2017年）480頁。

た。続く1960年代に、そのほかのアフリカの植民地も次々と独立を果たした。アフリカの独立国54カ国（未承認のサハラ・アラブ除く）のうち、1922〜1959年に7カ国、1960年代に34カ国、1970年以降で11カ国が独立した（残る2カ国は上記のとおり、もとから独立国である）。

アフリカ地域の2大経済大国は旧英国植民地

　現在、アフリカは、世界最後のフロンティアと呼ばれ、投資先としても注目されるが、アジアよりも発展が遅れている国が多い。植民地支配の名残で、豊富な天然資源に頼り、工業が発達せず、農産物などのモノカルチャー経済である。資源に経済を依存する国が多いため、資源価格の変動にさらされやすい。そのほかにも、熱帯性気候の厳しい自然条件、貧困・格差問題、疫病などの医療問題、民族紛争、独裁政権、政情不安、乏しい公共インフラなどの要因が指摘される。

　アフリカ連合55カ国の名目GDPは、約250兆円（2.3兆ドル、2018年）であり、日本の半分以下の水準である。国連によると、アフリカの2017年までの過去10年間の平均成長率は3.4％、過去5年間のそれは2.6％である。

　アフリカには、石油、天然ガスに加え、コバルト、プラチナ（白金）、クロム等の鉱物性資源が潤沢に存在する。主要産業は農業であり、工業製品は国内で生産されず、輸入でまかなう[9]。一方、輸出の50％以上が鉱物性資源であり、中国が最大の輸出相手国である。アフリカのオイル生産量の世界シェアは8.8％、天然ガスは6.0％を占める（出所：BP、2019年）。

アフリカ地域の2大経済大国は、ナイジェリアと南アフリカであり、サブサハラ・アフリカ地域にある。両国とも、資源に依存した経済であり、英国の旧植民地で、英語が公用語であるため、海外企業にとってビジネスがしやすい環境にある。

ナイジェリアは、資源大国であり、オイル生産世界11位、天然ガス生産世界17位である（2019年）。人口は、2億人とアフリカ最大であり、2050年には4億人と2倍に増加し、インド、中国に次いで、世界3位になる見込みである（国連中位推計、以下同）。

南アフリカは、オランダによるケープ植民地（1652年）に始まり、1806年には英国による統治が開始された。19世紀後半に、金、ダイヤモンドが発見され、英国の支配が拡大した。プラチナ、クロム、カイヤナイト（藍晶石）、マンガン、バーミキュライトの生産で世界1位である（2018年）[10]。

2 アジアとアフリカの将来性

人口動態からみたアジア・アフリカ

アジアとアフリカのポテンシャリティについて、どういう観

9　経済産業省「通商白書2018〜急伸するデジタル貿易と新興・途上国経済への対応　新たな通商ルール構築の必要性〜」（2018年9月）142〜143頁。

10　U.S. Department of the Interior ／ U.S. Geological Survey, "Mineral Commodity Summaries 2019", February 28, 2019.

点を意識しておくか、考察したい。このポテンシャリティが、今後、間違いなくアジア・アフリカの経済を発展させ、アジア・アフリカの金融・資本市場の基盤整備や成長につながっていくものと考えられる。しかしながら、アジア・アフリカのポテンシャリティをどういう時間軸で評価していくかが重要であり、ポテンシャリティの大きさだけに注目しすぎるべきではないであろう。

　2018年の名目GDPでみると、アジア・アフリカ地域において、インドが300兆円（2.7兆ドル）と最大であり、世界7位である（出所：IMF）。世界全体のGDPが9,300兆円（84.7兆ドル）であるのに対し、アジア（日本、中国、中東除く）が960兆円（8.7兆ドル、世界シェア10.3％）、アフリカ連合55カ国が250兆円（2.3兆ドル、2.7％）である。アジア経済の存在感が増す一方、アフリカの水準はまだまだ低い。

　国連によると、世界の人口は、2019年現在77億人であるが、2050年には97億人、2100年には109億人に達する見込みである。世界6地域のなかで、2019年に、アジア（中国、日本、中東を含む）は46億人（シェア59.7％）、アフリカ13億人（17.0％）であり、2050年には、アジア53億人（54.3％）、アフリカ25億人（25.6％）と、アジア・アフリカで8割の規模になるとの予測である。

　アジアの強みは、この巨大な人口規模である。ASEANも約6.6億人（2019年）の人口を抱える。

　世界の人口上位10カ国をみると（2019年）、アジア・アフリカは、インド（2位、13.7億人）、インドネシア（4位、2.7億

図表 7 - 1　世界の人口上位10カ国の推移　　（単位：千人）

	国	2019年	国	2100E
1	中国	1,433,784	**インド**	**1,450,421**
2	**インド**	**1,366,418**	中国	1,064,993
3	米国	329,065	**ナイジェリア**	**732,942**
4	**インドネシア**	**270,626**	米国	433,854
5	**パキスタン**	**216,565**	**パキスタン**	**403,103**
6	ブラジル	211,050	**コンゴ**	**362,031**
7	**ナイジェリア**	**200,964**	**インドネシア**	**320,782**
8	**バングラデシュ**	**163,046**	**エチオピア**	**294,393**
9	ロシア	145,872	**タンザニア**	**285,652**
10	メキシコ	127,576	**エジプト**	**224,735**

注 1 ：国連中位推計。
注 2 ：中国を除くアジア・アフリカは太字。
出所：UN World Population Prospects 2019

人）、パキスタン（5位、2.2億人）、ナイジェリア（7位、2.0億人）、バングラデシュ（8位、1.6億人）と5カ国が入る（1位の中国を入れると6カ国）。2100年には、インドが14.5億人と、中国を抜いて世界最大の人口を抱える見込みであり、アフリカからは5カ国が上位10カ国に入る。

　植民地化の影響もあり、英語圏の人材については、アジア・アフリカにおいて、相応の人口を占めており、将来に向けて大きなポテンシャリティにつながるものと考えられる。また、インド、パキスタン、ナイジェリア、フィリピン、エジプトなど、アジア・アフリカの人口上位国には、英語圏の国が多い。

株式市場からみたアジア・アフリカ

　株式市場に目を転じると、アジア地域の成長が著しい。アジア企業の特徴は、財閥系企業（創業家一族が支配する複合グループ）が時価総額上位10社のうち３社を占めることである。さらに、ITにも強い。

　中国の本土の企業が多く上場する香港の株式時価総額は、中国、日本を除くと、アジア・アフリカで最大である。香港は、世界の株式時価総額の6.4％を占めており、世界最大の米国（構成比39.5％）、２位の中国（8.4％）、３位の日本（7.2％）に次ぐ水準である（2019年末時点）。香港は、1997年に英国から中国に返還されたものの、中国とは別制度のもとで証券取引が行われている。香港証券取引所は、1891年に設立されたアジア最古の取引所である。通信のチャイナ・モバイルの時価総額（アジア・アフリカで３位、18.9兆円）が香港で最大であるが、金融、不動産、コングロマリット企業が上場企業の中心である。

　２位のインドでは、タタ・コンサルタンシー・サービシズ（６位、12.5兆円）、インフォシスなどハイテク企業が成長している。ITサービスのなかで、理数系の高い能力、割安な賃金、欧米諸国との時差、英語圏であることを背景にITビジネス・プロセス・マネジメント（BPM）が発展した。デジタル・トランスフォーメーションが、BPM企業の成長を加速させている。

　歴史的に、英語に強いことと英国との深い関係がインド企業の成長に寄与している。インド企業が英国企業を買収した例として最大なのは、タタ・スティールによる大手鋼鉄メーカーの

図表 7 － 2　アジア・アフリカ時価総額上位10社
（単位：兆円）

	企業	国	業種	時価総額
1	**サムスン電子**	**韓国**	**IT**	**31.7**
2	TSMC	台湾	IT	31.6
3	チャイナ・モバイル	香港	通信サービス	18.9
4	**リライアンス・インダストリーズ**	**インド**	**エネルギー**	**14.8**
5	AIAグループ	香港	金融	14.0
6	**タタ・コンサルタンシー・サービシズ**	**インド**	**IT**	**12.5**
7	HDFC銀行	インド	金融	10.8
8	ノーブル・ヴィチ・グループ	マレーシア	IT	9.0
9	ナスパーズ	南アフリカ	一般消費財・サービス	8.0
10	バンク・セントラル・アジア	インドネシア	金融	6.5

注1：中国、中東、日本除く。2019年末時点、1ドル110円で換算。
注2：財閥系企業は太字。
出所：ブルームバーグ

コーラス・グループ買収（2007年、買収金額1.3兆円）である。次いで、インド石油公社による石油会社のインペリアル・エナジー買収（2008年、300億円）、タタ・モーターズによるジャガー・ランドローバー買収（2008年、250億円）である。

　3位の韓国は、サムスングループなど財閥が依然として力をもっている。サムスン電子、SKハイニックス、現代自動車などの世界的なトップクラスの企業が存在する。韓国では、1997年の経済危機に際して、ブロードバンド、第三世代移動通信網の整備を国策で進めた結果、IT産業の競争力は飛躍的に高まっ

た。

　時価総額でアフリカ最大の企業は、南アフリカのナスパーズ（9位、8.0兆円）である。1915年に、新聞業を営む会社として設立されたが、現在はインターネットサービスにフォーカスした世界的な投資会社である。中国のIT大手テンセント・ホールディングスに2001年から投資しており、31.1％の株式を保有する（2019年6月時点）。テンセントからの収入（評価替え、配当等）が、売上げの76％を占める（2019年3月末）。これに次ぐのが、ファーストランド、スタンダード・バンク・グループと、南アフリカの金融グループである。

　同時に、英国企業自身も植民地の恩恵を受けた企業が多い。現在、英国の時価総額上位企業の多くは、かつての植民地の遺産があるために、いまも栄えている企業である。エネルギーのBPのルーツはイラン、ロイヤル・ダッチ・シェルはオランダとアゼルバイジャンであった。資源のBHPビリトンは南アフリカとオーストラリア、リオ・ティントは英国とオーストラリアである。金融のHSBCホールディングスは香港上海銀行をルーツにもつ。つまり、19世紀の大英帝国が繁栄していた時の恩恵をいまだに受けているのである。

イノベーションがもたらすアジア・アフリカのポテンシャリティ

　次のポテンシャリティは、経済のグローバル化と急速な技術進展との関係性と、その基盤としての英語の重要性である。世界の株式市場において、デジタル化関連の取引形態が急速に進

展している。個人におけるスマートフォン取引の拡大、高速取引化、アルゴリズムを活用したロボアドバイザー取引の浸透などがその例である。そして、世界中で起きるあらゆる事象に係る情報は、絶えず、マーケット、政府、企業、ユーザーなどから、SNS、インターネット、紙媒体を通じて発信され続けている。経済活動のグローバルなリンクとともに、さまざまな事象が絶えまなく発生し、情報は計り知れない量の多さと速さで流され続けている。

　そうした情報の大半は、英語の情報である。これを、入手して使いこなし、さらにはグローバル社会のあらゆる人たちとのコミュニケーションをとるということは、ますます重要になっている。世界が将来に向けて、何に取り組むにせよ、ビジネスや金融市場で英語を使いこなすことが基本となっている。そうした点から、アジア・アフリカ諸国のポテンシャリティは、明らかに存在する。

　ユニコーン企業（10億ドル以上の企業価値をもつ未上場企業）450社のうち、アジア・アフリカ（中国除く）からは、インド20社、韓国7社、インドネシア5社、香港3社、南アフリカ2社、シンガポール2社、フィリピン1社が含まれる（2020年1月末時点、出所：CB Insights）。アジア・アフリカのユニコーンの企業価値上位10社のうち、ソフトバンクグループが7社に出資している。

　デジタル決済の分野は、金融インフラが整備されていない新興国を中心として、急速に普及している。たとえば、アフリカのMペサや中国のアリペイなどがあり、銀行口座をもたない

図表7－3　アジア・アフリカのユニコーン企業価値上位10社

	企業	国	事業内容	（兆円）
1	ワン97コミュニケーションズ	インド	電子決済	1.8
2	グラブ	シンガポール	配車仲介	1.6
3	オヨ・ルームズ	インド	民泊仲介	1.1
4	ゴジェック	インドネシア	配車仲介、物流	1.1
5	クーパン	韓国	Eコマース	1.0
6	スナップディール	インド	Eコマース	0.8
7	トコペディア	インドネシア	Eコマース	0.8
8	オラキャブス	インド	配車仲介	0.7
9	BYJU'S	インド	教育テック	0.6
10	クラフトン・ゲーム・ユニオン	韓国	ビデオゲーム	0.6

注：中国、中東、日本除く。2020年1月末現在。1ドル110円で換算。
出所：CB Insights

人々にとって、モバイル決済を通じて、金融商品や金融サービスを使えるようになっている。Mペサは、アフリカ最大のデジタル決済プラットフォームである。

　途上国では、銀行やATMが少なく、銀行口座をもたない人も多く、金融インフラが乏しい。一方で、携帯電話の普及率は高く、モバイル決済・送金のサービスが普及しているのは、むしろ途上国である。さらに、以下のようなアフリカならではの事情がある。

1．治安が悪いため、現金を保有することの危険性が高い。

2．物々交換や自給自足が残っているため、貨幣の普及率が低い。

3．国土が広く、人口密度が低い国が多い。さらに、金融資産

の蓄積が小さく、かつ、国民の金融リテラシーが低い。このため、フルラインサービスを行う金融機関の経営がむずかしい。

Mペサは、アフリカ最大のデジタルプラットフォームであり、ケニアのサファリコムと南アフリカのボーダコムが運営する（2020年に、両社の合弁会社がMペサのブランドをボーダフォン・グループから買収）。2007年に、ボーダフォン・ケニア（英国ボーダフォン・グループ）が、サファリコムを通じて事業を開始し、4年間で8割の家庭に普及した[11]。サファリコムは、ケニアの電信・電話会社で、かつて国営企業であった。現在、ボーダフォン・ケニアとケニア財務省が1位、2位の大株主である。ボーダコムは、ボーダフォン・グループの子会社である。2019年3月末時点で、Mペサのアクティブ・ユーザーは3,710万人に達している。

世界銀行によると、金融包摂（フィナンシャル・インクルージョン）とは、貧困を撲滅し、繁栄の共有を促進する手段である。金融サービスの恩恵を受けていない人々にも、恩恵が及ぶような状況を目指すものである[12]。個人や企業が、取引、決済、送金、貯蓄、保険など、自身のニーズにあった、有用で手頃な価格の金融商品やサービスへのアクセスを可能にすることである。17億人以上の人々は銀行口座を保有せず、中国、イン

---

11 World Bank Group, "World Development Report 2016: Digital Dividends", May 17, 2016, p. 95.

12 Aditya Narain, "Two Faces of Change", Finance & Development, September 2016, Vol.53, No. 3（IMF）.

ド、インドネシア、パキスタンなど一部の国に集中している（2017年）。フィンテックは、金融包摂を後押しする手段として期待される。

小括：アジア・アフリカに対する視点で重要なこと

　世界の金融市場のグローバル化が進展しているなかで、市場参加者は、アジア・アフリカを視野に、ほとんど入れていない。アジアのインドの成長や発展は視野に入ってくるが、それ以外は、地政学的な側面のみ意識されているのが現在の状況であろう。そうしたなか、世界の金融市場のこれからの動きを予測する際に、アジア・アフリカについて歴史から何を学んでおくのか、また、これからどういう視点が重要となるかについて、次の3点を記しておきたい。

　第一に、アジア・アフリカは、欧米諸国の過去の植民地政策により、経済成長、発展に大きな制約がもたらされていた。それがひいてはアジア・アフリカ金融市場の成長に限界をもたらしてきた。しかしながら、人口のポテンシャリティやデジタル社会の進展により、社会インフラがグローバルで共通化しつつある。それが、アジア・アフリカの成長の限界を突破する可能性が十分に出てきている。

　第二に、アジア・アフリカをいくつかの地域に分けて、地域ごとに、歴史と金融市場の特徴について背景を含めて理解することである。アジア・アフリカ全体を新興国として大き過ぎるくくりでみるのは適当ではないし、また、南アフリカ、ケニア、インドネシア、ベトナムといった主要国のみを個別に理解

することも物足りないであろう。一定のくくりの下で理解して
おく必要がある。植民地支配により、英語圏というプラット
フォームが形成されたことも、きわめて重要である。そうした
視点から、アジアにおけるインド、ASEAN、香港など英語を
ベースに有する国、また、アフリカにおける東アフリカ（ケニ
アなど）、西アフリカ（ナイジェリア）、南アフリカなど英語を
ベースに有する国の存在感が、今後、ますますウェイトを増し
ていくであろう。

　第三に、アジア・アフリカのポテンシャリティを過小に評価
しないと同時に、過大にも評価しないことが大切である。これ
は、成長や発展のスピードをどう評価するかということに通じ
る問題である。ポテンシャリティは、人口増大、豊富な天然資
源、ICT（デジタル社会のいっそうの進展）をはじめとする第四
次産業革命、人材面のキャッチアップ（高等教育の浸透、海外
への留学生の増加、英語人材の多さなど）など、多様な発展可能
性から構成されるものである。こうしたポテンシャリティが、
現実化していく過程のなかで、金融市場に与える影響は当然大
きくなる。アジア・アフリカが、どの程度のインパクトを世界
に与えるかは、この現実化のスピードいかんにかかっている。
今後は、アジア・アフリカの金融市場の発展を、目を離さずに
みていく必要がある。

おわりに

　新型コロナウイルス（COVID-19、以下、新型コロナ）感染症
が、世界中に大きな影響を与えている。2019年12月の新型コロ
ナの問題は、当初は対岸の火事ふうに受け取られていたとこ
ろ、2020年3月に入り、欧州や米国などに一気に感染を広げ、
さらに、その後新興国に大きな広がりをみせており、いまだに
先行きがまったく見通せない状況となっている。感染を食い止
めることが何よりも大切ななか、政治、社会、経済に大きな影
響をもたらし、財政面での大きな支援も効果はあるものの、決
め手に欠ける状況である。人の移動や交流の世界的な制限、イ
ベントなどの経済活動の一時的な中止、「もの」の生産活動が
グローバルなサプライチェーンの分断のなかでの縮小、さらに
は雇用そのものの減少など悪循環のスパイラルに入ってきてお
り、いまだ収まる気配はみられない。2020年代に入った途端、
世界中の株式市場や金融市場がいったん大きく動揺し、その
後、回復し落ち着きを示しているが、これも、いまのところ、
金融・資本市場へのマネー供給の極端な緩和に支えられたもの
である。

　また、2020年前半の原油価格の大きな下落には、サウジアラ
ビア、ロシア、米国、イランなどの間における政治的問題に係
るさまざまな動きとの関係がある。新型コロナショックの影響
に伴う原油需要減退と相まって、原油価格問題からも、目が離
せない状況である。まさに地政学リスクの側面での理解、すな

わち歴史的な背景も含めての金融・資本市場の認識が重要である。

　本書『金融が解る　世界の歴史』は、藤田勉氏が、長年のファンドマネージャー、トップストラテジストとしてのさまざまな経験を積むなかで、「歴史に学ぶ」ことの重要性を、体系的に示したものである。反グローバリズムと地政学リスクの視点をどうもつか、米国の自国優先主義と米中間の摩擦問題、中東の地政学リスクの背景などについて、「歴史から何を学ぶのか」、的確なポイントを提示している。

　今回の新型コロナという感染症が、社会に与える影響の大きさは、中世末期の欧州に大きな影響を与えたペスト、19世紀の結核、20世紀初頭のスペイン風邪などに比肩するほどのものとなろう。第二次世界大戦後の世界経済は、世界的な人口の増大、グローバル化、ボーダレス化と活発な移動、インターネットなどの情報革命などに支えられ、大きく拡大してきた。しかしながら、今回の新型コロナが終息した後の社会は、大きく変容せざるをえないと思われる。社会の価値観やライフスタイルの変化など、デジタル化の進展のもと、デジタルトランスフォーメーション（DX）としての新たなビジネスモデルのあり方、ニューノーマルとしての社会基盤の確立など大きな変化をもたらす可能性が高い。「非接触型経済」の進展や、「分散型経済」の広がりなど、新しい社会・経済構造に大きく移行していくこととなろう。

　「金融のあり方」や「マーケットの方向性」を考えるにあたって、その時々のさまざまな事象を需給的なアプローチを中

心とした枠組みで理解していくことには限界がある。マーケットに大きな影響を与える事象については、「地政学と歴史」の紐づけのなかで、根本的な枠組みから理解していくことが重要である。米国、欧州、中国、中東、アジア、アフリカに関する地政学的な視点の重要性を、歴史から学ぶことの大切さは、いうまでもない。

　日本にとって、平成から令和の時代にかわって、日本の社会・経済構造が、さらに大きく変わっていく時代に入っていく。人口減少時代、シニア化の加速化、グローバル化と自国中心主義の葛藤、大企業停滞時代への突入、地方縮小の危機など、構造的なさまざまな課題が突きつけられている。こうした課題に、どう向き合うのか、何を知見として活かしていくのか、複合的な課題に優先順位をどうつけるのかが問われるところである。

　今回の共著は、藤田勉氏との間で、『AI革命で日本株は復活する』（毎日新聞出版、2016年）、『オーナー経営はなぜ強いのか？』（中央経済社、2018年）に続く3冊目の共著となる。筆者は、第7章の担当ということで執筆したものであるが、「歴史と金融」という、まさに時代に合ったテーマで参画したことは、有意義でもあり、大変嬉しいところである。藤田勉氏とは、ともに山口県出身であり、学年も同級という大変近い間柄である。こうした共著の企画を通じてのご縁をあらためて感じているところである。

　現在、藤田勉氏は、一橋大学大学院経営管理研究科特任教授を務め、コーポレートガバナンス関係、マーケット関連、

FinTech、イノベーションなど幅広い分野で、積極的に発信している。筆者も、一橋大学大学院経営管理研究科客員教授として、同僚としての藤田勉氏との接点も多く、藤田勉氏の歴史を意識した視点は、おおいに参考になっている。

今回、まさに時宜を得たタイミングでの本書の出版であり、本書の企画実現には、株式会社きんざいの谷川治生様ほか皆様からさまざまなサポートをいただき、感謝している。また、一橋大学大学院の東條愛子氏に協力をいただき、御礼を申し上げる。

「歴史と金融」という枠組みは、歴史を通じて金融・資本市場の理解をより深めていくことにつながり、マーケットに対する見方や今後の方向性について、深みを与えることとなる。筆者自身、歴史から学ぶ意味について、あらためて、感じるところがあった。本書が、マーケットの関係者のみならず、金融にかかわるさまざまな方々に、なんらかの参考となることがあればと思う。複雑で、想定しにくいリスクと向き合いつつ、不透明感を強める世の中で、こうした書籍が少しでも、皆様の役に立てば、幸いである。

幸田　博人

【著者略歴】

藤田　勉（ふじた　つとむ）

一橋大学大学院経営管理研究科特任教授、一橋大学大学院フィンテック研究フォーラム代表

一橋大学大学院修了、博士（経営法）。シティグループ証券取締役副会長、経済産業省企業価値研究会委員、内閣官房経済部市場動向研究会委員、北京大学日本研究センター特約研究員、慶應義塾大学講師などを歴任。

2006〜2010年日経アナリストランキング日本株ストラテジスト部門5年連続1位。

著書に、『三角合併とTOBのすべて——変貌する世界のM&A法制』（共著、金融財政事情研究会、2007年）、『バーゼルⅢは日本の金融機関をどう変えるか——グローバル金融制度改革の本質』（共著、日本経済新聞出版社、2011年）、『グローバル金融制度のすべて——プルーデンス監督体制の視点』（金融財政事情研究会、2012年）、ほか。

幸田　博人（こうだ　ひろと）

一橋大学大学院経営管理研究科客員教授、一橋大学大学院プライベート・エクイティ研究フォーラム代表

一橋大学経済学部卒。日本興業銀行入行、みずほ証券執行役員、常務執行役員、代表取締役副社長等を歴任。

現在（2018年7月〜）、株式会社イノベーション・インテリジェンス研究所代表取締役社長、リーディング・スキル・テスト株式会社代表取締役社長、産業革新投資機構（JIC）社外取締役、京都大学経営管理大学院特別教授、SBI大学院大学経営管理研究科教授など。

著書に、『日本経済再生25年の計　金融・資本市場の新見取り図』（編著、日本経済新聞出版社、2017年）、『日本企業変革のためのコーポレートファイナンス講義』（編著、金融財政事情研究会、2020年）、『プライベート・エクイティの実践』（編著、中央経済社、2020年）、ほか。

金融が解る　世界の歴史

2020年12月7日　第1刷発行

著　者　藤　田　　　勉
　　　　幸　田　博　人
発行者　加　藤　一　浩

〒160-8520　東京都新宿区南元町19
発　行　所　一般社団法人 金融財政事情研究会
企画・制作・販売　株式会社きんざい
　　　出　版　部　TEL 03(3355)2251　FAX 03(3357)7416
　　　販売受付　TEL 03(3358)2891　FAX 03(3358)0037
　　　　　　　　URL https://www.kinzai.jp/

校正：株式会社友人社／印刷：奥村印刷株式会社

ISBN978-4-322-13585-5